だまされたと思って試してほしい

料理の新常識

テレビで話題

予約のとれない料理教室

料理科学研究家

★★★

水島弘史

宝島社

CONTENTS

PART 1 料理の新常識 基本編

PART 2 料理の新常識 レッスン編

PART 3 料理の新常識 いつもの家庭料理編

PART 4 料理の新常識 おもてなしの料理編

PART 5 料理の新常識 デザート編

本書のレシピは…

- g（グラム）表記をしています。1cc = 1g で計算しています。
- 塩には精製塩や粗塩など、多くの種類があります。塩の種類によってg数が変わります。お持ちの塩で大さじ1が何gなのかを量ってみると塩加減もより正確になります。また、塩の種類によってナトリウム含有率が異なるので、多少の味の違いが生じます。± 0.2%ほどの範囲で味の調整をしてください。
- 本書では細かく塩加減を調整しています。レシピのバターは無塩バターを使用してください。
- オリーブ油と書かれている場合、可能であれば加熱するときはピュアオリーブ油、生で食べるとき・仕上げ用はエキストラヴァージンオイルと使い分けしてください。
- コショウは可能であればミルで挽いてください。○回転というのは挽く回数のことです。

はじめに

昔から気になっていたことがあります。レシピにある「鶏もも肉1枚」。日本のスーパーの精肉コーナーでは、ほとんどが100g単位で価格が決められていて、肉の大きさや切り方によって価格はバラバラです。1枚200gちょっとの鶏もも肉もあれば、1枚350gほどの重さがある場合もあります。その差はなんと150g。はたしてこの差のまま、同じ調理方法、同じ味付けでいいのでしょうか？

レシピの味は正しく再現されているでしょうか？　おそらく、ある程度はおいしく仕上がることでしょう。ただ、もっともっと「おいしい!!」と思えるような仕上がりを目指したいのであれば、「鶏もも肉1枚の重さをしっかり計ってみる」、ここにこだわってみてほしいのです。

この本では「料理の新常識」といっていますが、実はプロの世界、一部の最先端の料理人たちが、当たり前のようにしていることを紹介しています。料理は非常に細かく、材料は0.1g単位まで細かく計ります。焼き方、切り方、動きのタイミング、すべてに理由があり科学的にも説明ができるのです。

難しく思われるかもしれませんが、いつもの作り慣れた料理をもっとおいしくしたい、そう思われる方はぜひ私の料理法を試してみてください。いつもの料理が、ずっとおいしくなることをお約束します。

レシピにある
鶏もも肉 1枚
みんな同じ大きさ?

「鶏もも肉1枚」を
「鶏もも肉 Xg」にする。
これだけで料理は
もっとおいしくなるのです。

PART 1

料理の新常識
基本編

まずは私の料理法のほんの一部、
代表的なところを紹介していきましょう。
ポイントは、なぜそうしたほうがいいのか
その理由を理解すること。そうすれば、
ほかの料理でも応用できるようになります。

少し考えてみましょう

今までの常識料理

実はこれすべてNG。驚かれると思いますが、理由もちゃんとあるのです。まだまだほんの一部ですよ。

野菜炒めは強火で勢いよく！

NG

野菜炒めに強火は必要ない！

実は思っている以上に家庭の火力は強いです。「中華鍋」と「あおる力」がないかぎり、野菜炒めに強火はNG！

ハンバーグのタネは「手ごね」でしょ！

NG

その手の体温が肉をダメにします！

手の体温が肉の結着（くっつき）を悪くします。一生懸命コネコネしたのに、ボソボソの固いハンバーグを食べるはめに。

熱々のフライパンで肉のうま味を閉じ込める!!

NG

閉じ込められたのはアクと臭み！

急激に温度変化を与えると細胞が縮み、水分は居場所を失って放出され、アクと臭みだけが残るのです……。

NG トントンと台所に響く包丁の音

それは細胞をつぶしている音!

それ、包丁を食材に押し当てて、力を入れて切っている証拠ですよ。まな板に包丁の傷、ついていませんか?

NG 料理の基本はダシよね!

ダシが出るものにダシを入れてませんか?

肉や魚や野菜、食材にはすべてダシとなるうま味が含まれています。家庭の煮ものに基本「ダシ」はいりません。

NG 塩少々……、適当でいいか!

その適当さが悲劇を生むのです!

料理の味を決めるのは間違いなく「塩」!塩適量、塩少々、塩ひとつまみ、塩コショウ少々、塩で味をととのえる、こんな適当加減があっていいのでしょうか(涙)。

NG 高級な食材・調理器具が料理を成功へ導く

素材の味をうまく引き出せれば必要ありません

高級スーパーで買ったものじゃなくても、食材には必ずその食材が持つ味が含まれています。それを上手に引き出してあげることが料理の成功の秘訣なのです。

NG 唐揚げは高温でカラッと!

中まで火通ってますか?

もしくはカラッと揚げたつもりでも、その衣、焦げていませんか?高温でカラッと中まで火を通して揚げるのは、至難の業なのです!

それが……「新常識ではこうなる!」

料理科学研究家・水島弘史の

これからの新常識

料理の新常識は難しいですが基本はシンプル。もっとおいしい料理を作るための近道です。

新常識1

野菜炒めは油を絡めて弱火で作りなさい!

あなたの家の「弱火」、実はそれ「強火」です!

新常識2

肉は冷たいフライパンから焼きなさい!

熱々のフライパンは、うま味ではなくアクを閉じこめる!

新常識3

塩だけで料理はおいしくなる!

大事なのは0.8%の塩! スープを作るときもブイヨンは不要です。

新常識4

包丁の切り方しだいで玉ねぎが目にしみない!

正しいフォームさえ身につけば、100円の包丁だって充分に切れます!

最新の調理法を家庭料理に! それが新常識を伝える目的

私は麻布十番の古いビルの一室で、小さな料理教室を開いています。狭いスペースなので1回の生徒さんの人数は4～5人、私がデモンストレーションをした後に、必ず生徒さんたちにも作ってもらいます。料理教室に通う生徒さんたちですから、料理好きで上手に料理を作れる方がたくさんいらっしゃいます。でも驚くべきことに、火加減も塩加減も完全に適当! 調味料の組み合わせばかり気にして、「弱火にしてください」といっても、生徒さんはコンロのつまみを「弱」にしただけ。それ、全然弱火じゃないですから!

食材を切るときもダンダン音を立てていて、その音が料理上手の証拠みたいになっているんです。それはただ細胞をつぶしている音なのに……。私が紹介している新常識はプロでもほんのひと握りの料理人たちが行っている、最新・最先端の調理法を家庭料理に取り入れるものです。プロでも旧常識を信じて料理をしておられる方は山のようにいますし、テレビや雑誌で紹介されている料理家の方の多くが、まだ古い常識のままです。このことを変えたくて科学的理論を背景にした料理方法を紹介し始めました。

大事なことをお伝えします①

あなたの料理、最新・最良の調理法ですか？料理はずばり「科学」なのです!!

▶ レシピ本の「塩少々」はもう忘れてください！

レシピ本には意外とあいまいな表現が多いものです。そのもっとも代表的なものが「塩少々」「塩ひとつまみ」「塩コショウ少々」。これって、何グラムのことなんでしょうか？　塩は料理の味を左右するもっとも大切なものです。最先端のプロは、0.1g単位できっちり塩を計ります。

塩少々はもう忘れましょう。あなたのひとつまみと、誰かのひとつまみは大きく違います。

鶏もも肉1枚も忘れましょう。300gと200gではあまりにも差がありすぎます。

▶ 料理に適当も勘もない！

料理上手な人の「目分量」や「勘」は実は科学的に証明できる適切な量だったりします。適切な量を知っている、だから料理上手なのです。本当においしくなる方法は、きちんと証明できなくては真理ではありません。

Profile:

水島弘史（みずしまひろし）

料理家、料理科学研究家。調理専門学校卒業後、フランスの三ツ星レストラン「ジョルジュ・ブラン」、東京・恵比寿のフレンチレストラン「ラブレー」を経て、恵比寿に自身の店「サントゥール」を開店。独自の科学的理論に基づいた調理法を教える料理教室が好評を博し、2010年麻布十番に場所を移し「水島弘史の調理・料理研究所」を開く。料理教室の２カ月分の予約が受付開始１分で埋まるほどの人気を得ている。

はじめまして、水島弘史です。

フレンチ料理のシェフをするかたわら、料理教室を開いて20年がたちます。

次は…… 3つのルールを紹介します。

これで料理は急においしくなる!

新常識・3つのルール

料理は科学、その道しるべとなる3つのルールを紹介していきます!

Rule 1 火加減のルール

調理の基本は「弱火」と「弱い中火」。低速調理が料理を成功させる!

これは「強」「中」「弱」どの火?

答えは「中火」。弱火だと思った方いませんか?

Rule 2 塩加減のルール

味の決め手は「塩」。0.1g単位の計量でおいしさが決まる!

塩と計りはセットです!

新常識では必ず計りを使って塩の量を算出し、計量します。

Rule 3 切り方のルール

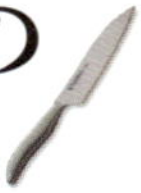

食材の細胞をつぶす、つぶさない。正しい切り方で味が変わる!

ほぼ無音の切り方です!

強いていえばサササ……、包丁で切るのに音はしません。

塩ひとつまみってどれぐらい? おいしさの秘密は「科学」

調理をしているとき、フライパンの温度が上がりすぎたらどうしますか？　私は火を止めればいいと思っていました。ところが教室の生徒さんたちは、火を弱めたり、フライパンを持ち上げて火から離してみたりするのです。火を止めない理由を聞くと、「温度が下がりすぎる気がして……」と。焦げそうになっているぐらい高温になったフライパンはちょっとやそっとでは温度が下がりません。弱火も遠火もその温度をキープするだけ。温度を下げたいなら火から外すしかないのです。

また別の話、なぜか塩に関しては、「勘」や「目分量」で乗り切っている方が多いようです。確かに、それはそれでおいしく仕上がっているのかもしれません。ただ、それ以上のおいしさにはならないでしょう。勘や目分量でパラパラ、パッパッと入れている塩、何g入れたか分かりますか？　その分量、本当においしくなる分量なのでしょうか？　後からご紹介しますが本当においしい塩の分量は「食べられる状態の素材の重さ×0.8％」です。

料理は科学、気持ちで左右されてはいけません。勘違いを解消しながら3つのルールを学んでいきましょう。

大事なことをお伝えします②

あなたの料理がイマイチな理由……、ほとんどは「火加減」と「塩加減」の勘違いからきています！

▶ 3つのルールには科学的な理由がある

たくさんの料理の方法があふれている現在、
焼き方一つとっても「簡単」「裏技」「プロが教える」…本当にさまざまな方法があります。
どれを選んだらいいのかと悩まれているのであれば、そこはやはり科学です！
科学的な根拠がしっかりしているルールを選択しましょう。

火加減のルール

▶ **勘違い例：熱々のフライパンで肉のうま味を閉じ込める！**

▶ **科学的説明： 閉じ込められるのはアクと臭み！**

動物の肉（タンパク質）に急速に熱を加えると、細胞が急激に収縮します。細胞の中にあったジューシーの元の水分は、居場所をなくしてあっという間に放出されてしまいます。急激な熱で焼き目がつくことで、アクや臭みが肉の中に取り残される結果になります。

切り方のルール

▶ **勘違い例：玉ねぎを切れば涙が出てくる**

▶ **科学的説明：繊維がつぶれてアリシンが出ている！**

玉ねぎが目にしみて涙が出てくるのは、正しい切り方ではないから！　たたくように玉ねぎを切ることによって、細胞がつぶれて水分と一緒にアリシンという刺激のある辛み成分が一気に出てきてしまうからです。

塩加減のルール

▶ **勘違い例：味つけは「塩コショウ」で適当に！**

▶ **科学的説明：本能的においしいと思う塩分濃度がある!**

味つけでもっとも重要なのが塩。その理由は人間は本能的に塩分を欲しているから。人間の体液にも塩分があり、それと近い濃度0.8%がもっとも「おいしい」と感じる塩分濃度なのです。よって、「適当」ではなく「0.8%」がベストです！

基本編

ルール①

火加減のルール

3つのルールのうち、
まずは火のルールです。
とりあえず強火で焼けば
いいと思っていませんか？

家庭の料理は「弱火」と「弱い中火」で充分！

これ、弱火で加熱中！

弱火で焼くとこんなに静か。まるで火がついていないみたい（笑）。今のあなたなら、思わずコンロのつまみを「強火」にしてしまうのでは!?

どうして皆さん「強火」が好きなんでしょうか？

普段、ご家庭で料理するとき、火力はどれぐらいにしていますか？　目玉焼きを作るのも、煮ものを作るのも、お肉を焼くのも、常に強火か中火にしてはいないでしょうか。弱火にするのは「焦げそうになった」「噴きこぼれそうになった」ときだけではありませんか？　焦げそうになったり、噴きこぼれそうになった時点で料理はもう失敗なんです！

家庭用コンロの火力が強いとお話ししていますが、皆さん結構強火が好きですよね。私が強火を使うのは「お湯を沸かすとき」くらいです。お湯を沸かすときはコンロのつまみを最大限にして沸かします。時間も短縮

4つの火の定義

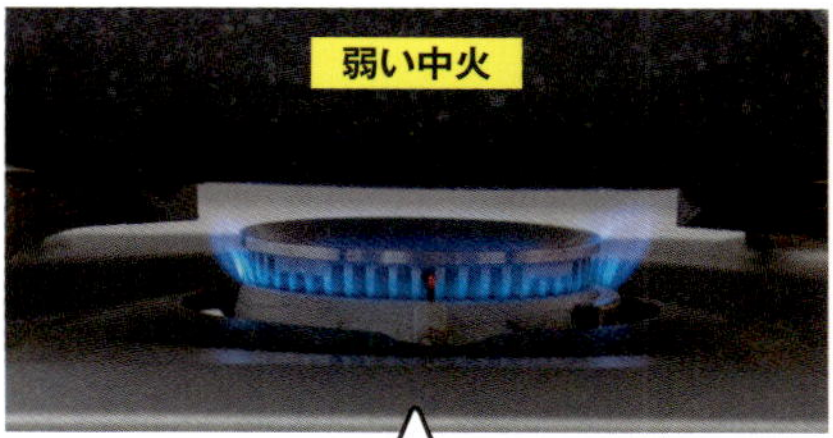

炎がぎりぎり鍋底に当たっていない状態

・少し強い火が欲しいとき
・焼き色もつけられる

炎が鍋底全体に当たっている状態

・お湯を沸かすとき
・焼き色を短時間でつける

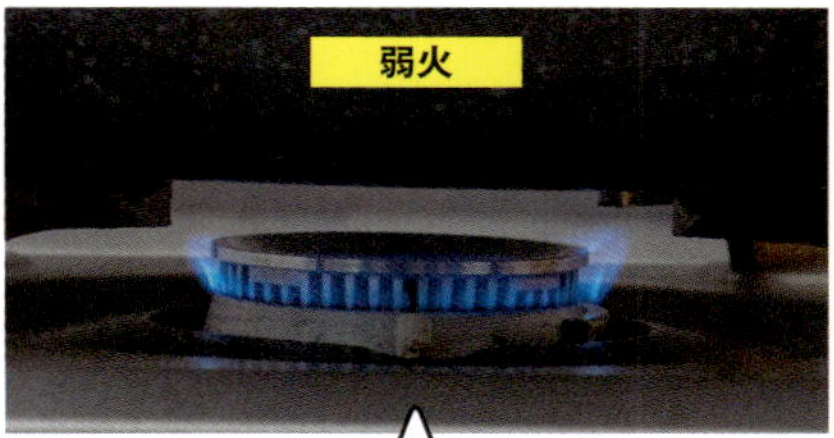

炎がまったく鍋底についていない状態

・料理ほぼ全般で使用可
・焦げない！

炎がちょうど鍋底に当たっている状態

・焼き色をつけるとき
・短時間に煮詰めるとき

できます。あとは肉に焼き色を短時間でつけたいときくらいです。

　プロ用のコンロのほうが、火は高くて盛大です。しかし、家庭用と比較してみると五徳がずっと高く、遠火になってるのです。家庭用のコンロは五徳と鍋底の距離がとても近いので、「強火」にする必要はほぼありません。肉も魚も「弱火〜弱い中火」が原則。家庭のコンロに強火の出番はほとんどないことを覚えておきましょう。

　火が強すぎると素材にあたえるダメージは実は相当なものです。肉は固くなり、縮みます。ジューシーさもほとんど失われてしまいます。家庭料理では「弱火の力」がうま味を引き出すちょうどいい火加減だということを頭に入れておきましょう。

家庭のコンロは強すぎる「弱火」と「弱い中火」を使いこなせ!!

▶ 家庭の火力がなぜ強い?

プロ用のコンロのほうがずっと火が強いのでは？　確かに、火は高く盛大です。でもよく見てみると、プロ用のコンロは五徳がずっと高く、火口と鍋底の距離がずっと離れていて遠火になっているのです。比べて、家庭用コンロの五徳は低く、すぐに火力が鍋底に当たり高温になる、つまり火力が強いということです。

▶ では弱火調理のメリットは?

メリット 1

料理が焦げる心配がない

メリット 2

中までじっくり火を通せる

メリット 3

あわてないで料理ができる

メリット 4

同時進行で複数の調理ができる

100℃超えも重要なポイント！

弱火

食材を入れて1分前後で周囲から小さな泡が出てくる、シューッという音がし始める

- **シューッといい始めるのが、40秒以内なら→火が強すぎる**
- **シューッといい始めるのが、80秒以上なら→火が弱すぎる**

弱い中火

食材を入れて30秒前後で周囲から小さな泡が出てくる、シューッという音がし始める

- **シューッといい始めるのが、10秒以内なら→火が強すぎる**
- **シューッといい始めるのが、50秒以上なら→火が弱すぎる**

弱火調理の最大メリット、次から紹介します！

基本編

ルール①

火加減のルール

実験

鶏もも肉を「弱火」と「強火」で焼いてみる

START

ごく普通の鶏もも肉１枚

どこにでも売っている鶏もも肉。「弱火」は新常識の焼き方で、「強火」は熱したフライパンで焼く一般的な方法で焼きました。どれぐらい違いが出るでしょうか？

1 重さを計っておく

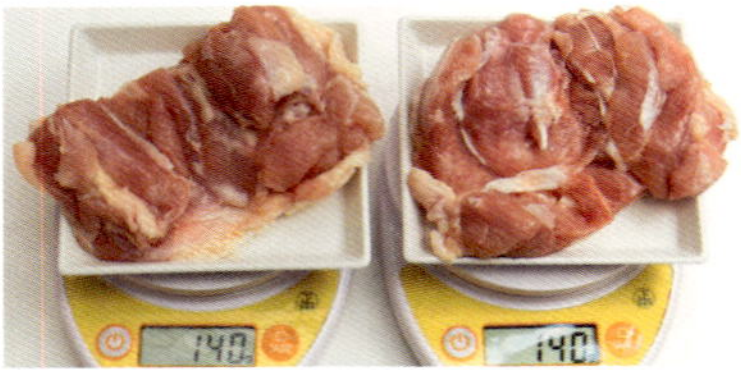

左が「強火」、右が「弱火」用の肉です。両方とも140gに合わせました。

▶

フライパンに油を入れます。「強火」はすぐに点火、「弱火」はまだ火をつけません。

2 フライパンに肉を入れる

強火

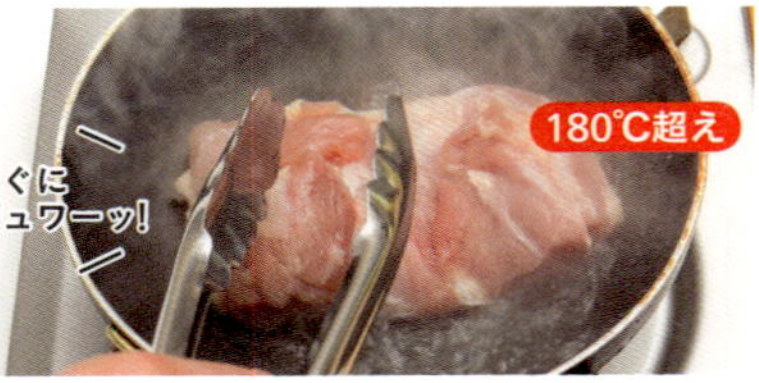

「強火」はすでにフライパンが熱くなっているので、入れた瞬間から煙や音がします。

弱火

「弱火」は冷たいフライパンに入れたので、1分たってやっと音がし始めます。

3 温度はどんどん上昇します…

「強火」はバチバチと強い音で油が飛び散ります。

「弱火」は大きな泡（蒸発する水分）が出てきました。

▶

「弱火」はキッチンペーパーでアクを除去します！

4 焼き上がり

強火

「強火」は焦げてしまうので「弱火」より早めに焼き上がりました。フライパンの中は油で汚れています。

弱火

「弱火」は黄金色の焼き上がり。フライパンの中はキレイです。

5 再度重さを計る

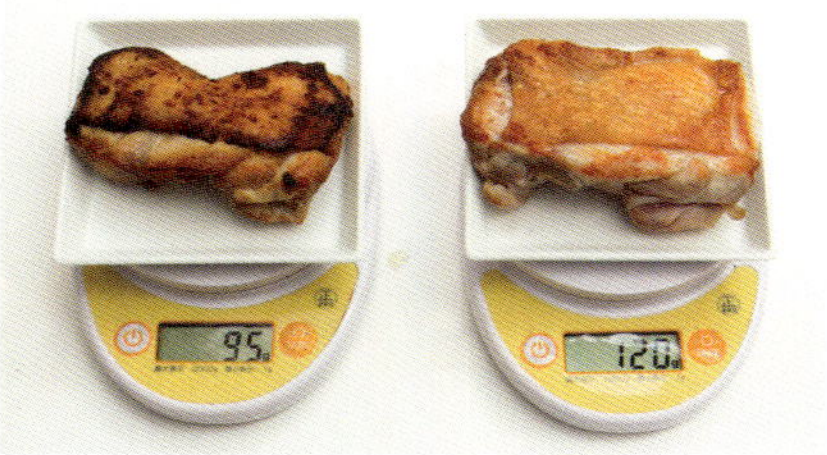

なんと25gもの差が出ました！　「弱火」のほうは、成功の目安「焼きはじめの80～85％の重量」にぴったりの85％の重さになっています。「強火」のほうは焼く前と比べると68％の重さになってしまいました。

【「強火」で焼いた肉】

肉の厚みが半分になりジューシーさがない！

- 皮が焦げているようにも見える
- 水分は大幅に失われていてパサパサ
- 肉の繊維は強い熱で縮み、固くなっている
- 脂身が固まってドロっとしている

【「弱火」で焼いた肉】

肉の厚みが焼く前と変わらないプリプリさ！

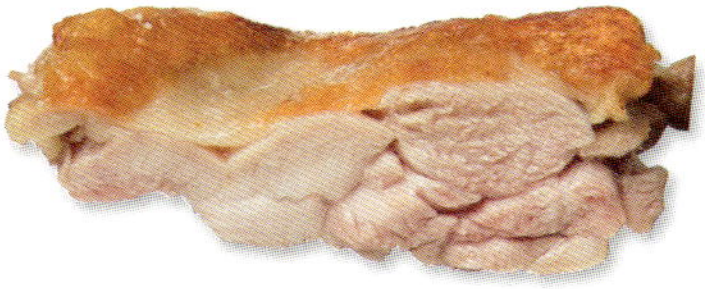

- 余分な水分が放出されている
- うま味、肉汁がたっぷりと含まれている
- 皮が黄金色でツヤがある
- 肉の繊維が立っていて弾力がある

※ 赤い部分が生焼けのように見えますが、肉に弾力があり火は完全に通っています。

結果

食べた感じもまるで違う「弱火」「強火」

「強火」も「皮が香ばしい！」「ワイルド！」と言いたくなるような焼き上がりで、それなりにおいしく焼けています。ただ新常識で焼いた「弱火」は食べた瞬間から「おいしい!!　ものすごいジューシー！」と思わず声が出てしまうぐらいのおいしさです。水分を含みツヤがある、おいしい!!　これが弱火調理の違いなのです！

弱火調理の最大メリットは細胞を殺さない「低速調理」にあった!!

▶ 低速調理で焼いた肉はやわらかく、ジューシー！

細胞の収縮率は、温度が上昇する速度に比例します。肉も魚もタンパク質に急速に熱を加えると、細胞が急激に収縮し水分が出て縮んでしまいます。これを防ぐには肉が固くなる原因となる「筋繊維」の収縮する温度、45 ～ 50℃をいかにゆっくりと通過させるかが大事。温度上昇に反応しないくらいゆっくり熱することで、 肉はそのままのやわらかさ、ジューシーさを保つことができるのです。

水分を含みツヤがある表面
急激な温度変化がなかったので、わずかな縮みのまま
時間をかけて焼いたので、皮の余分な水分が抜け、パリッと仕上がっている

＊加熱温度による肉の変化

20℃前後	室温
40℃前後	動物が持つ生体温度（＝体温）を超え、色が変わってくる
50℃前後	細胞外の水分とともにアクが外に出てくる
70℃前後	タンパク質が分解されてアミノ酸（うま味）に変化する
80℃前後	コラーゲンがゼラチンに変わり、やわらかさが出てくる
180℃前後	香ばしい焼き色がつく

▶ 低速調理でアクと臭みが取れる!

肉のアクや臭みは目に見えなくても40～50℃前後から出ています。じっくりと低速調理をすることで、アクも臭みも静かに放出されます。キッチンペーパーに吸わせたり凝固させてキレイに取り除くことができます。

肉の脂身が持っている臭みがゆっくりと火を入れることで出てきて、油に移っていきます。(P.104参照)

じっくりと低温で茹でたあとの茹で汁も、沸騰直前まで火を入れると一気にアクが凝固してきます。(P.65)

フライパンを熱してから焼くのは今日からやめましょう!

強火調理のデメリット、弱火調理のメリットを分かっていただけましたか？　さぁ、今日からフライパンを熱してから焼くのはやめましょう。今までの常識の一番多いトラブルが「フライパンを熱してから油をひき、油が熱くなってから肉を入れる」ということ。肉を入れた瞬間に油がバチバチと跳ねて、結構大変なことになります。でも、これで皆さんいいと思ってきましたよね？

フライパンを熱するのは悪いわけではないのですが、急激なのがいけないのです。急激に熱を加えられた動物の肉（タンパク質）は、細胞が急激に収縮を始めます。細胞が収縮することで水分は居場所を失い、外に出ていってしまいます。焼き色ががっつりついた表面にアクや臭みが閉じ込められてしまいます。そして中は生焼けのままなのです。ではフタをして蒸し焼きにしてみるとどうかというと、火が中まで通る頃にはすでに水分が失われ、肉はパサパサ、もしくは水蒸気でベチャベチャです。

どうしたら本当においしい肉が焼けるか、もう皆さん分かりましたね。「弱火でじっくり加熱する」こうすることで肉のアクや臭みが静かに放出され、やわらかでジューシーに仕上げることができるのです。この低速調理がもっともよい方法です。

基本編

ルール②

塩加減のルール

次は塩加減の話です。
味を左右する大事なポイント。
ルールを知れば調味料が
ぐっと減りますよ。

「塩ひとつまみ」は絶対禁止! 塩は味の決め手です!

塩少々って何g?

もっとも大事な調味料なのに、もっともないがしろにされてきたのが塩。これから紹介しますが「ひとつまみ」や「少々」で決して片付けてはいけない、大切なものです。

もっともおいしい塩加減は「素材の重さの0.8%」

塩の計算式：
素材の重さ(g)×0.008＝塩の重さ
又は、(素材の重さ－水分の減少量)×0.008

例：鶏もも肉１枚 120g×0.008＝1.0

↓

1.0gの塩が最適の塩加減！

※本書では0.1g単位までの塩加減とするので、小数点第２位は四捨五入して計算します。
※素材とは、切ったり加熱処理などをして食べられる部分をいいます。

レシピ本で使われる「塩少々」が諸悪の根源！

なぜレシピ本には「塩少々」などと書いているのでしょうか？ 入れる量が少ないからそんな細かいことといってられない？ いいえ、塩加減は非常に細かくなくてはいけないものなのです！ ただしこれはプロの世界でも最先端の調理場だけで行われていることであって、料理人の95％はこんな計算はしていません。私がお話ししている内容は先端調理で、場合によってはプロの上をいく調理方法なのです。

もっともおいしい塩加減で料理を作るためには、できれば0.1g単位まで計れるキッチンスケールと、電卓、0.1ccが計れる計量スプーンを用意してください。高価なものじゃなくて構いません。たかが塩だと思わず、正確にすり切り1杯を計ってください。

分量だけでなく、塩のふり方にもポイントがあります。まんべんなくふりかかるように、左手でスプーンの柄のはしを持ち、右手でスプーンの柄の中央あたりを軽くトントンとたたきながら少量ずつ落としていきましょう。

私の教室では海塩を使っています。焼き塩というサラサラしたものです。しっとりした塩もフライパンで軽く煎ることでサラサラの塩にすることができ、塩をふるときもまんべんなく散らすことができます。

ルール②
塩加減のルール

本書のレシピでは 0.1cc単位の 計量スプーンが あるといいでしょう

▶ 本能的においしいと 感じる塩分濃度=0.8%

なぜ食材に最適な塩分は0.8%なのか？　それは人間が本能的においしいと感じる塩分濃度が0.8～0.9%だからです。実はこの数値は、人間の体液の塩分濃度とほぼ同じ。生理食塩水の濃度と同じなのです。体液と同じ濃度の塩分を求めている、といってもいいでしょう。脳がもっともおいしい！と感じる濃度なのです。

※正確には生理食塩水の濃度は約0.9%です。
ここでは塩分の摂取量などにも
配慮を置き0.8%としています。

1g=1ccで計算しています

本書ではすべてg（グラム）表記で統一しています。1g＝1ccですが、塩の種類によって多少の誤差が生じることもあります。使用されている塩を一度スケールで計ってみて「5ccは何gか」を確認しておくといいでしょう。

0.8%の塩分 = 人間の体液と近い塩分濃度

▶ 塩加減が正しければ料理は成功する!

料理の味がどうも微妙……、というとき、原因は「塩」です！
ソースやマヨネーズ、醤油やダシなどはすべて「味を足す」ものです。
塩には素材に働きかけ、味を引き出す力があります。

塩は普通の塩でOK

高級な塩など使う必要はありません。一般的な塩で充分素材の味を引き出してくれます。ただし、塩の種類によって塩そのものの味や重さに違いがあります。

スケールと電卓もご用意を！

素材の重さを計るときに使用するキッチンスケール（左）。これも0.1g単位まで計れるものがいいです。塩の量を計算する電卓（右）。「%」の計算機能がついていると便利です。高いものでなくて構いません。

基本編

ルール②

塩加減のルール

塩加減が正しければ料理は完成する!

塩の分量の計算は素材や調理方法によって、
計算の出し方にポイントがあります。

ふわっとオムレツ ▶ P.60

全材料に0.7%の塩
（材料の重さ×0.007）

＊卵の水分が焼くことによって飛ぶので変則で計算します。

お豆と鶏の春サラダ ▶ P.63

豆の茹で湯に塩は入れない。茹で上がった豆の重さに0.8%の塩（豆の重さ×0.008）

＊茹で湯に塩を入れないのは、固めに茹でたいため。塩の浸透圧で水っぽくなる影響を受けません。

お豆と鶏の春サラダ ▶ P.63

ささみの茹で湯の重さに1.7%の塩
（茹で湯の重さ×0.017）

＊茹でる素材に塩味をつけたいときは、茹で湯の分を考えて塩を1.7%にします。

ごちそうポテサラ ▶ P.66

じゃがいもの茹で湯に0.5～0.6%の塩（茹で湯の重さ×0.005～0.006）。茹でたじゃがいもに0.8%の塩（皮をむいたじゃがいもの重さ×0.8）

＊茹で時間が長く水分が蒸発して煮詰まり、茹で湯の塩分濃度が濃くなるため0.5～0.8%にします。

シャキシャキ野菜炒め ▶ P.76

全材料の90%の重さに0.8%の塩（材料の重さ×0.9×0.008）ー醤油の塩分

＊野菜の水分が蒸発してしまうため重さから10%分減らしています。醤油は小さじ1=2gの塩分を含みます。

絶品トンカツ ▶ P.79

肉の重さに0.8%の塩
（肉の重さ×0.008）

＊焼く前に塩をすることによって、焼き上がりには塩分濃度が高くなってしまうと考えますが、衣の重量を塩分計算に含まないことで調整しています。水分減少量0.8（80%）をかけてもいいでしょう。

極上ムニエル ▶ P.85

魚の重さに0.8%の塩
（魚の重さ×0.8%）

＊焼く前に塩をすることによって、焼き上がりには塩分濃度が高くなると考えますが、大量のバターで焼く間にある程度塩分が流れると考えています。水分減少量0.8（80%）をかけてもいいでしょう。

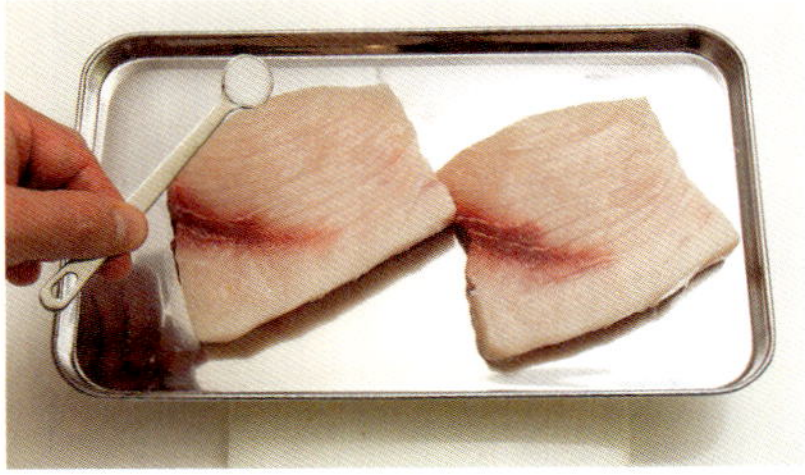

シーフードカレー ▶ P.92

煮込み用の材料の重さの80%に0.8%の塩（材料の重さ×0.8×0.008）。シーフードの重さに0.8%の塩（シーフードの重さ×0.008）

＊煮込み用の材料の重さに0.8をかけるのは水分が蒸発してしまうためで、20%減らしています。

牛フィレ肉ステーキ ▶ P.110

火を通した段階の肉の重さに0.8%（肉の重さ×0.008）の塩の⅔。食べる直前に残りの⅓の分量

＊食べる直前に切り口に再度塩をして味つけをしています。

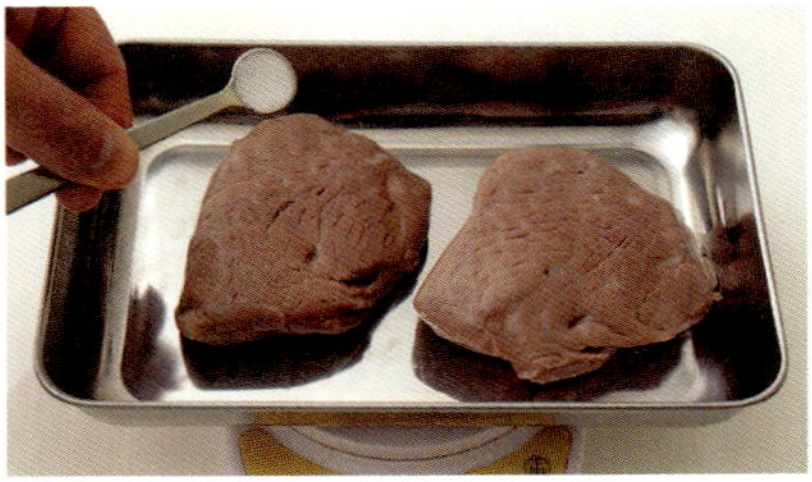

シャキッと茹でるには浸透圧が重要 じゃがいもを煮くずれさせず茹でるには？

▶ 浸透圧を知れば料理がさらに上手になる！

料理における浸透圧を簡単に説明すると、塩が水を引っ張る力になります。じゃがいもなどの固い野菜を茹でるとき、真水で長い時間茹でるとすぐに煮くずれしてしまいます。これは外部より内部の塩分が多くて、茹でている水分を内部に引っ張ってしまうからです。なので、シャキッと野菜を茹でたいときは、野菜の内部と茹で汁の塩分濃度を同じくらいにすればいいのです。

＊浸透圧の関係

湯の塩分濃度 ＜ 野菜の塩分濃度 低張圧	水っぽく 煮くずれる
湯の塩分濃度 ＝ 野菜の塩分濃度等 張圧	野菜の水分は 変わらない
湯の塩分濃度 ＞ 野菜の塩分濃度 高張圧	野菜の水分が 失われる

塩分濃度を合わせて、ぐつぐつと沸騰させた湯でシャキッと茹でる！

細胞の塩分相当の溶液濃度は0.6～1.0%!!

その中間の0.85％前後で料理はおいしくなります。

そもそも塩にはどんな働きがある？

主に食材から水分を引き出す

［ 食材の不要な水分を引き出す ］［ 食材のヌメリを落とす ］
［ 防腐作用 ］［ ビタミンＣの酸化を防止する ］
［ 緑野菜の色を保持する］
［タンパク質の粘りを出す、グルテンの弾力を増す ］

水分蒸発も計算した塩加減でパスタがバッチリ茹でられる

ここでパスタの茹で方と塩加減についてお話ししましょう。家で茹でたパスタがバッチリのアルデンテにならない原因、もちろん原因は「塩」です！

パスタの袋を見てみると水1リットルにつき塩1％と書いてあります。残念ながらパスタには0.8～1.0％の塩分をつけたいのでこれではまだまだ足りません。1％の塩分をつけたければ、水に1％の塩を入れただけでは足りないのです。私がおすすめしているのは、水1リットルにつき塩1.5％です。塩分を1.5％にして茹でることで茹で上がる頃には水分が蒸発し1.8～2.0％になります。パスタの小麦粉のタンパク質が固まるためにはこの2％前後の塩分が必要で、パスタの表面はこの塩析※効果により固まり、麺のコシが出て歯応えと弾力のあるアルデンテに茹で上がります。またパスタは乾麺の1.0～1.2％の水分を含んだとき丁度よい硬さに茹で上がり、茹で上がりの重量から計算するとパスタにはちょうど1％前後の塩味がつき、おいしく茹で上がることにもなります。

パスタ料理は、何よりもパスタそのものをおいしく茹で上げることが最重要です。パスタの袋に書かれた1％の塩分では足りないことが、科学的に証明されました。少し難しい話ですが、塩分の計算ができれば、プロよりおいしい料理が作れます！

※塩析とは……塩を含む水の中では、タンパク質が固まって溶け出しにくくなるという性質。

基本編

ルール③

切り方のルール

最後は切り方のルール。
包丁トレーニングの時間。
意識するだけでいつもと
変わったと分かるはず。

味も香りも保存期間も「切り方」が左右する

これが細胞をつぶさない切り方!

やわらかそうな手の動き、なんだかサクサクッと切っている音が聞こえてきませんか？　固いにんじんを切っているように見えますか？

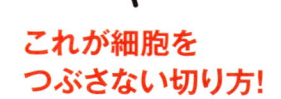

AとB、細胞をつぶしていない切り口はどっち?

A

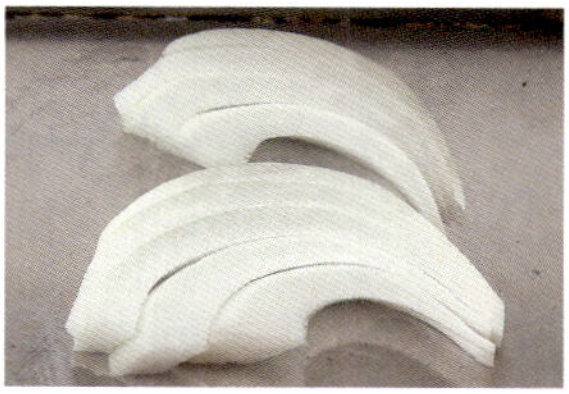

みずみずしさがない? 表面が乾いてそう……!

B

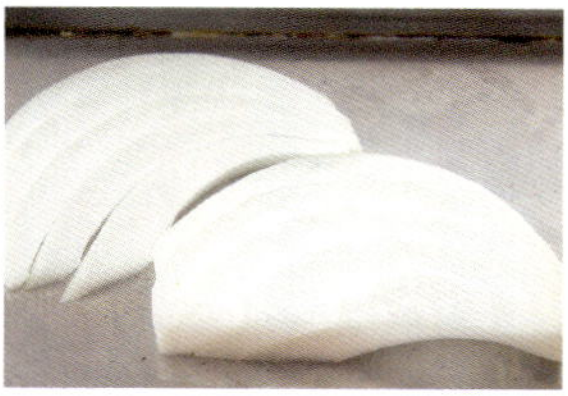

切り口がみずみずしい! ジューシーでおいしそう～

使い分けする切り方が料理の味を変えるわけ

皆さん「切り方」について考えたことはありましたか? 意外と無頓着にトントン、ダンダンやっていませんでしたか?

細胞をつぶす切り方、つぶさない切り方、2つの切り方を理解し、調理の状態によって使い分けましょう。

1・細胞をつぶす切り方（アシェ）

ニンニクの香りを出したいとき、肉や魚のつくねを作るときに粘り気を出す、ハーブの香りを出したいときなどに。

2・細胞をつぶさない切り口（シズレ）

素材そのもののうま味や風味を、そこねないようにすることが最大の目的。そのことは煮くずれしない、野菜がベチャベチャにならない、また玉ねぎを切っても涙が出ないことにつながります。

大半の料理をおいしくするには、細胞をつぶさないで切るのがよいでしょう。上の切り口の写真を見てください。明らかに2つの切り口は違います。これで料理の質そのものも大きく変わります。

つぶさない切り方を正しく行うには、正しいフォームをマスターする必要があります。姿勢も正しくしなければならないのです。包丁使いはスポーツと同じです。

細胞をつぶす切り方とつぶさない切り方、切り方は使い分けが重要!

[正解は A なんです]

B は切り口から水が出ている証拠だった！

A

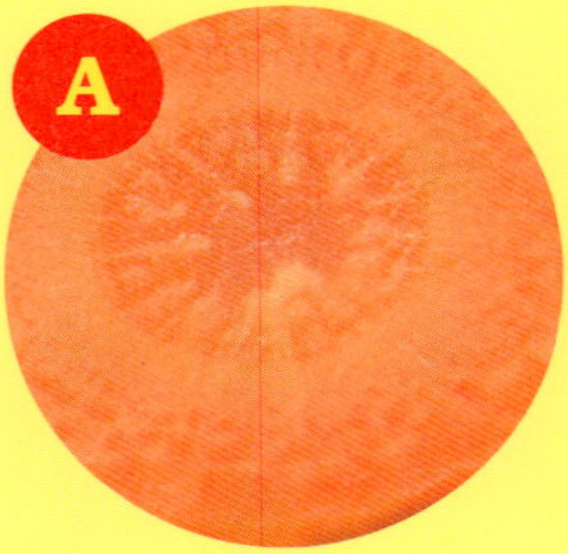

<細胞をつぶさない切り方>

包丁の力を入れないで、30度の角度で前後に動かしながらサクサク切る。

・断面がなめらかできめ細やか
・水分は表面の奥にある

<細胞をつぶす切り方>

包丁の力を入れて真上から押しつけるようにトントンと切る。

・断面がボコボコしている
・表面から水分がにじみ出てきている

B

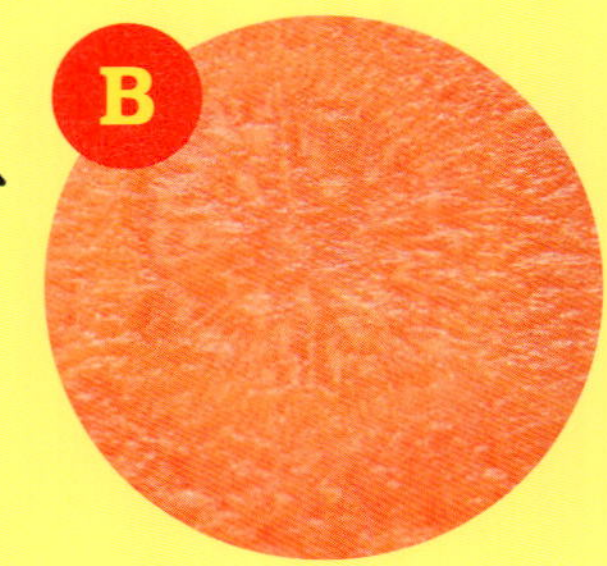

多くの家庭の包丁の使い方は細胞をつぶす切り方だった!

切り方には2通りあります。細胞をつぶす切り方とつぶさない切り方。どちらも間違いではありません。ただ、多くの家庭で、細胞をつぶす切り方1つだけでいろいろな料理を作ってきたことが問題なのです。家庭料理には、素材そのもののうま味や風味をそこなわない、細胞をつぶさない切り方をよく使うべきなのです。

2つの切り方の使い分け

フレンチの料理の世界では、「つぶしてもいい切り方」＝アシェ、「つぶさない切り方」＝シズレと使い分けしています。ニンニクの香りを出したいときはアシェ、出したくないときはシズレにするといいでしょう。

左がアシェ、右がシズレ。ニンニクの臭いの出方が全然ちがいます！

まな板に傷がない！

よく包丁の刃の跡がたくさんついているまな板がありますよね。力任せに包丁を押しつけている証拠です。

もも肉もつぶれない!

正しい切り方なら、切りにくい生肉もスッと切れます。もちろん、パンもつぶさないで切れますよ。

切りものはスポーツです!

包丁で切ることはスポーツだと思ってください。テニスは正しいフォームを身につければ、力を入れなくても全身のバネを利用して剛速球が打てるようになります。料理で食材を切るのも一緒です。全身の正しいフォームを身につけましょう。

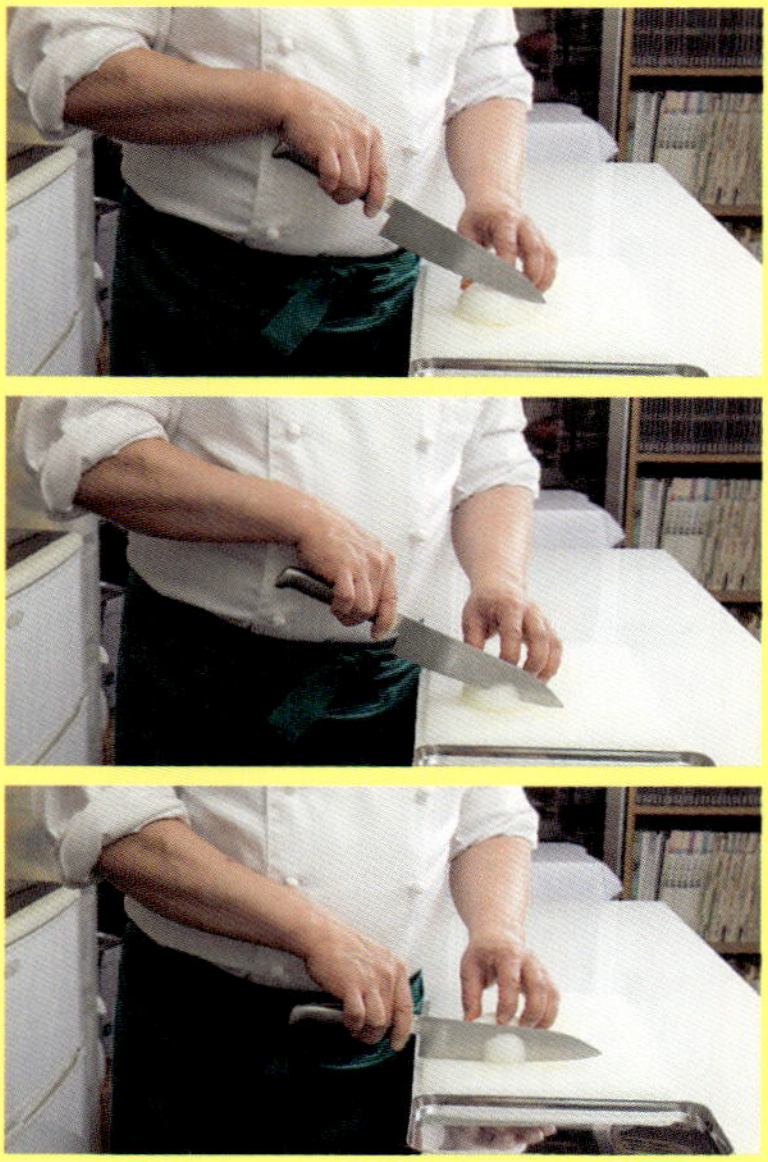

基本編

ルール③

切り方のルール

正しい切り方を学ぼう

正しいフォームで切れば、ムダな力を使わないで
効率よく食材を切ることができます！

1 正しい高さ

調理台と身長を合わせる

調理台に向かって両手を伸ばしてまな板に乗せたとき、ヒジが少し曲がって自然に両手がつく状態がベスト。

2 正しい構え方

包丁と腕のラインがまっすぐ！

調理台に対して45度、少し体を斜めにして立つと、腕と包丁のラインが正面に向かってまっすぐになります。これで力を入れないでラクに包丁を動かせるのです。包丁を持たないほうの体は調理台にくっつけましょう。

3 正しい持ち方

3本指で持つ！

少し難しいかもしれませんが、包丁は指3本で持ちます。ムダに力が入らないようにするのが目的です。そうすると、「手」の力ではなく「刃」の力で食材を切れるようになります。

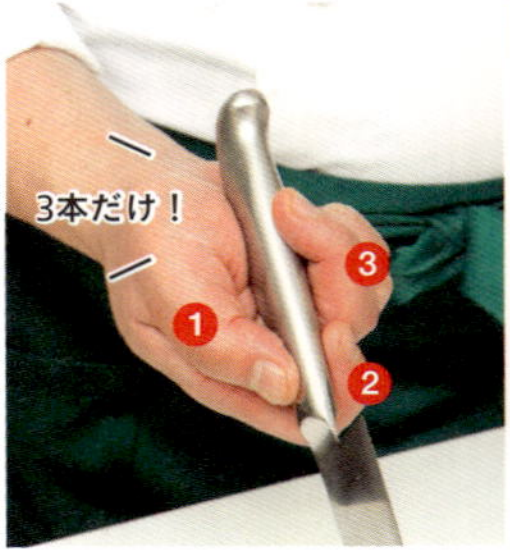

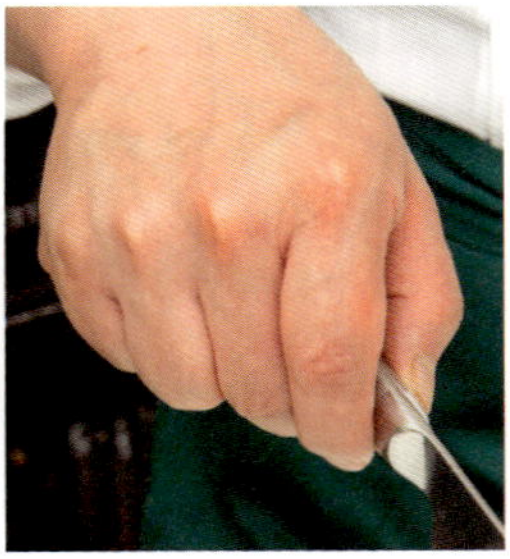

つぶさないで切れば涙が出ない！

[玉ねぎ]

包丁に力を加えず、玉ねぎにまっすぐそっと、撫でるような気持ちで切ります。

❶

❷
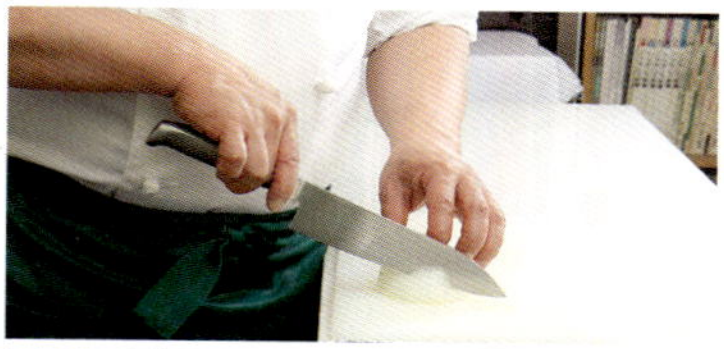

❸
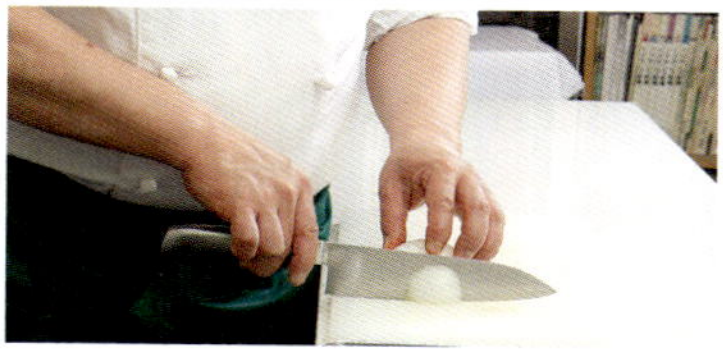

まるで固さを感じない！

[にんじん]

力を入れないよう注意して、手首に力は入れず腕をやわらかく動かし、すっと切っていきます。

❶
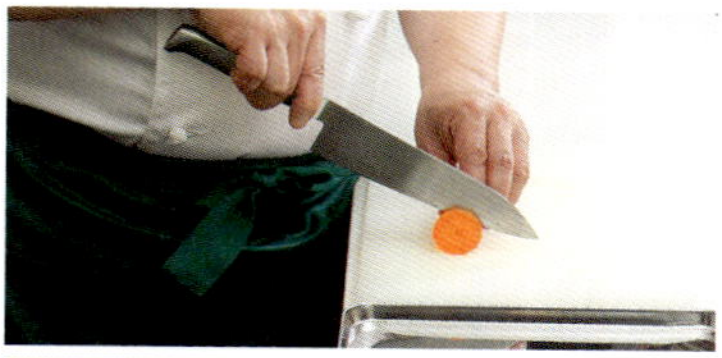

❷

❸
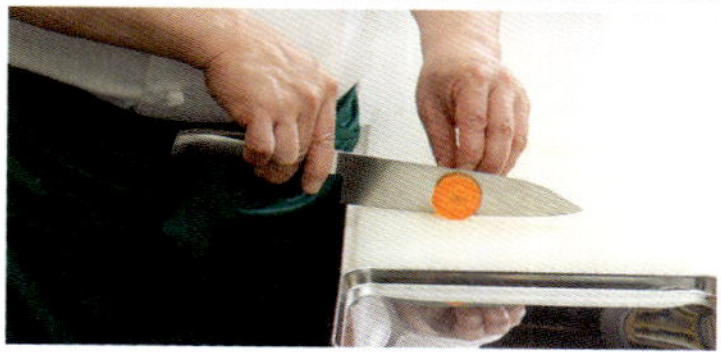

4 細胞をつぶさないフォーム

まな板に対して30度で切り込む！

スイートスポットと呼ばれる部分(P.34参照)を食材にあて、まな板から30度の角度で切り込みます。手前から斜め前方に突き出すように。手首は動かさず、脇を締め、両肩をまっすぐにしてヒジから手首、包丁の柄をまっすぐ押し出します。引くときは切り口をなぞる感じで手前に戻します。

てこの原理でサクッと切れる！

[かぼちゃ]

例外の切り方で、スイートスポットを支点にして包丁の前方向に力を加えながら、右手で包丁の柄を軽く上下に動かして切ります。

❶

❷

❸

❹

ルール③

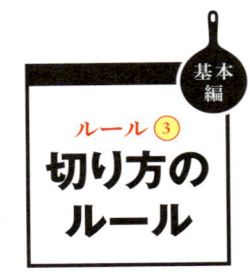

切り方のルール

この包丁は7年間研いでません！家庭で包丁は研がないように

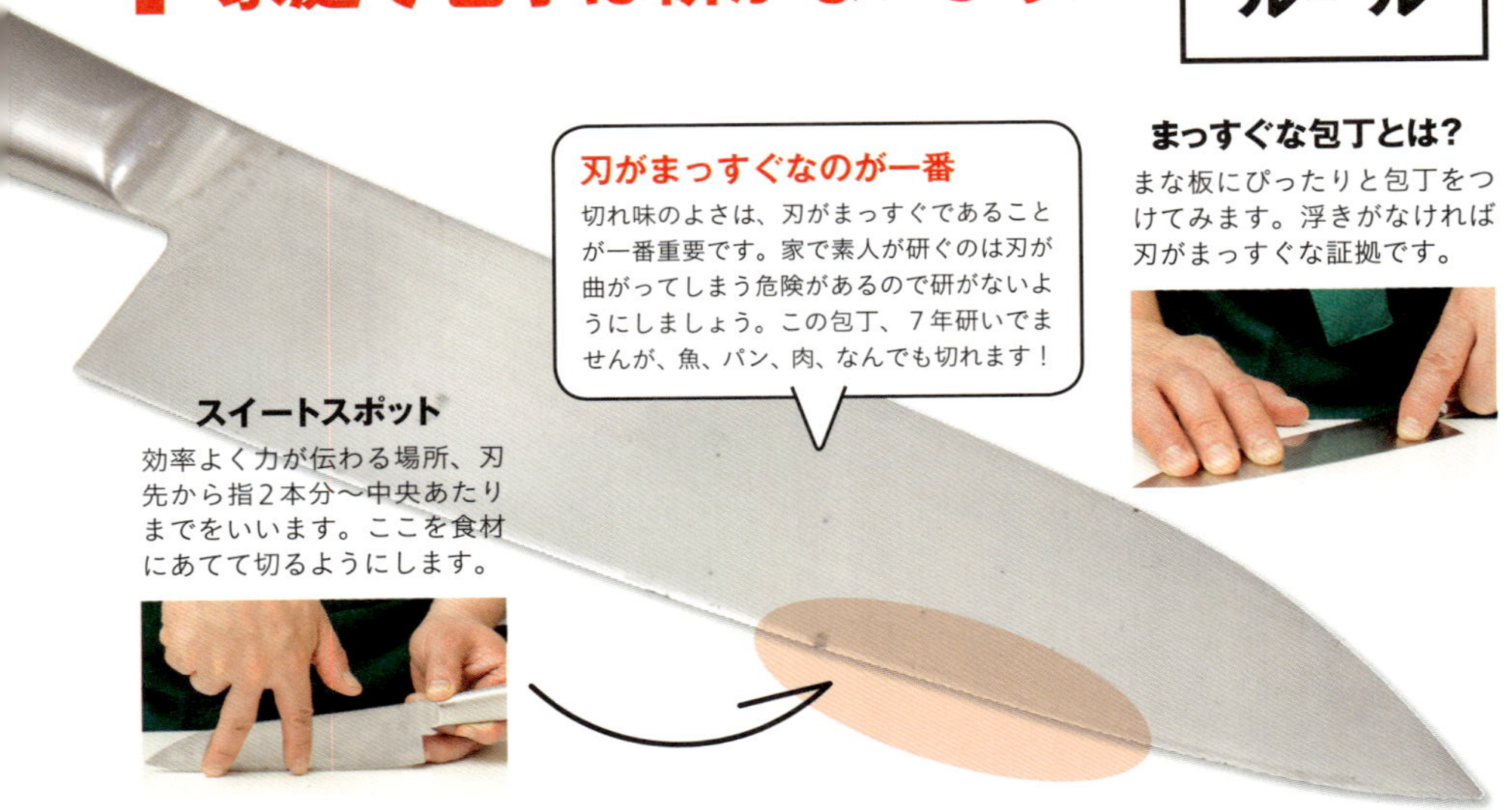

刃がまっすぐなのが一番

切れ味のよさは、刃がまっすぐであることが一番重要です。家で素人が研ぐのは刃が曲がってしまう危険があるので研がないようにしましょう。この包丁、７年研いでませんが、魚、パン、肉、なんでも切れます！

スイートスポット

効率よく力が伝わる場所、刃先から指２本分～中央あたりまでをいいます。ここを食材にあてて切るようにします。

まっすぐな包丁とは？

まな板にぴったりと包丁をつけてみます。浮きがなければ刃がまっすぐな証拠です。

刃がまっすぐなら家庭には包丁1本で充分！

　正しい切り方が身につくと、肉、魚、野菜、果物……、と使いわけてきた包丁が1本で済みます。なんとサクサクのパンだってつぶさないで切れるようになります。切り方がしっかり身につけば、料理はもっと簡単なものになるでしょう。

　包丁は刃がまっすぐであればいい、と言いましたが、では曲がった刃を食材に切り込むとどうなるでしょうか？刃と食材の間にムダな摩擦が生まれます。ムダな力で切られた食材の細胞は傷つき、つぶれてしまうのです。力を使わずに、包丁の重さと腕の動きだけで食材を切れるようになりましょう。

　つぶす切り方も積極的に使ってみてください。とくにつぶす切り方で切ったニンニクは、イヤっていうぐらいのニンニク風味たっぷりの料理を作ることができます。

　ただし切り方に関してはトレーニングが必要です。教室にも包丁トレーニングのクラスがあるくらいです。1回で3時間ぐらい、ずっと正しいフォームを練習します（笑）。皆さんも頑張って練習してくださいね。

　これで3つのルールの説明は終わりです。次は実際の料理教室のようにレッスンをしていきましょう！

これだけはそろえておきたい　必要な調理器具

高価なものはありません。どこでも購入可能です。使い勝手がいいものを選びましょう。

【 計量スプーン 】

上から5ccスプーン、1ccスプーン、0.1ccスプーンです。大さじは本書ではほとんど使用しません。この3本を用意しておくと正確に塩を計ることができます。

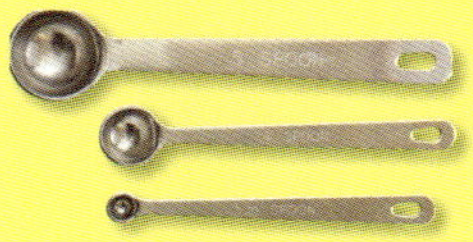

【 キッチンタイマー 】

火の強さを確認するのに使います。弱い中火で「30秒たってシューッという音がし始めたら」が基本なので、秒単位まで計れるものがいいでしょう。

【 鍋 】

煮物を作るときでも、洋鍋で充分です。フライパンと同様、調理するものに合った深さ、広さの鍋が複数あるといいでしょう。

【 包丁 】

高価な包丁や種類を用意する必要はありません。刃渡りが18～20cmぐらいの、刃がまっすぐな包丁が1本あれば充分です。

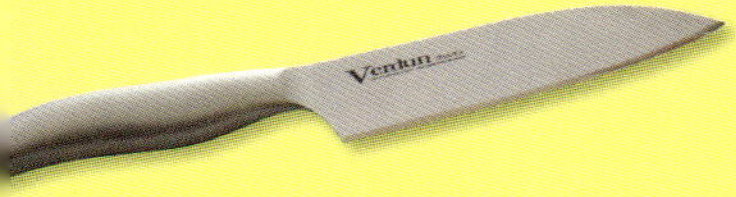

【 キッチンスケール 】

塩の分量の計算で、材料の重さを計るのに多く使用します。デジタルの表示で0.1g単位まで計れるものがいいでしょう。焼いたローストチキン（P.113参照）を丸ごと計る場合もあるので、2～3kg計れるものだと重宝します。

【 オーブン用温度計 】

オーブンを使用する調理のときに、庫内に入れて温度を調節するのに使用します。

【 直径10cmの小鍋 】

ソースを作るときなど、少量の調理をするときに便利です。五徳の大きさより小さいため、網などを敷いて火にかけるといいでしょう。

【 セルクル 】

中に料理を入れてスッと抜くとキレイに盛りつけができます。

【 電卓 】

塩の分量を計算するのに使います。計算式は「食材の重さ×0.008」ですが、「%」表示の機能があるとすぐに計算できるので便利です。

【 フライパン 】

揚げものも、魚を焼くのも、フライパンだけでOK。高価なフライパンを1つ用意するより、いろんな大きさのフライパンを用意するといいでしょう。小さな肉を焼くのに、大きなフライパンを使用すると火のまわりが悪くなります。調理するものより一回り大きいぐらいが理想です。

【 ガラスの小鉢 】

調理の合間に、材料を切ったり計ったりしていると食材の変化が進んでしまいます。なるべく調理前に計って、このような小鉢に入れておくといいでしょう。複数の大きさをそろえておくと便利です。

【 キッチンペーパー 】

本書では肉を焼いたときに、アクや臭みを取るのによく使用します。

【 料理温度計 】

揚げものの油の温度を計るのに使用します。油の温度で揚げ時間を決めるので、新常識では必要な調理用具です。

試してみればここまで変わる!?
実践した人たちの声

人によって驚くポイントは実にさまざまです！皆さんの声が新たな料理法のヒントになります。

フライパンが全然傷まない

年に1回は買い直してきた、フライパン。どんなに評判の加工だと書いてあっても結局は1年持たずにボロボロ、焦げ焦げ……。先生の弱火調理を始めてからはフライパンが全く傷みません！

キッチンにいい匂いがするんです!!

先生の新常識で料理をしていると、キッチン中に、いかにもおいしそうないい匂いが広がるんです。素材のうま味が最大限引き出されているからでしょうね。そして食べると期待を裏切らないおいしさ！　毎日の料理が楽しくなりました！

料理に自信がつきました

結婚してからずっと自己流の料理。おいしいと言われるものの、いまいち自信がありませんでした。先生の新常識は理由がはっきりしているので、長年の料理のモヤモヤがスッと晴れた気分です。自信がつきました！

子どもの反応が違った！

新常識のハンバーグを食べて子どもが一言。「ママ、いつもと全然違うんだけど！　めちゃくちゃおいしいよ！」と大絶賛！　子どもの舌は本当に正直です。

ガス代の節約になります

強火を使わないからでしょうか。ガス代が安くなりました。弱火で時間をかけてもそこまで調理時間は長くならないので、経済的だなと感じています。

余計な調味料がいらない！

塩だけで焼くチキンソテーがこんなにおいしいなんて！　新常識で作ると素材の味がしっかり出るので、調味料は入れなくていいし、食べるときもとくにソースやドレッシングなどかけなくても平気です。毎月のように買っていた醤油、みりん、酒、酢などの定番の調味料の使用量もぐっと減ったと思います。

まずは試してみてほしい 皆さんの反応が私の財産です

恵比寿で自分のお店を開いていたときから、私が語る料理理論を面白がってくれるお客様が多く、いつの頃からか料理教室を開催するようになりました。驚いたのは、今までプロの世界では常識だと思っていた料理法も、家庭料理の世界では全く浸透していなかったこと。とくに切り方がそうです。プロの料理人の静かでなめらかな包丁さばきは、包丁がいいものだからではなく、食材をつぶさない切り方をしているからなの

料理教室は勉強の場 ”家庭料理の当たり前“と ”プロの世界の当たり前“

誰もが驚く「水島弘史の調理・料理研究所」

（上）麻布十番にある古い古いビルの一室に、私の料理教室があります。少人数制なので、生徒さんも1回につき4人程度。皆さん動くのに体をぶつけ合うぐらいです。（下左）高価すぎたり、手に入りにくい食材はほとんど使いません。何度も作ってもらいたいですから。（下右）必要最低限の調理器具しかありません。高いものも好きですが、100円均一のヘラも使い勝手は抜群です。

です。

本格的に料理教室を開いてからは、口コミでどんどん広がっていきましたが、反応はさまざま。今までの料理法を覆すわけですから、気分を害される方もいらっしゃいますし、小さな教室でコソコソ教えているのであやしい宗教のように扱われたことも（笑）。でもありがたいことに、皆さん一口食べれば必ず納得していただけます。

料理教室を始めて20年ほど経つ今でも学ぶことは多いです。教室で実際に生徒さんにも作ってもらいますが、失敗するところ、疑問に思うところ、反応は人によってさまざまです。その反応がまた新しい新常識につながります。作り慣れた料理をもっとおいしくしたいと調理指導してきた料理法がガス代や調味料の節約になるなんて、考えてもいなかったので生徒さんから聞いて驚きました。

料理はこねくりまわさない！
理論を分かっていればおいしく作れる

　次のページからは3つのルールを使った3つのレッスンを紹介していきます。工程が細かくてびっくりされるかもしれません。なのに、あまり素材をこねくりまわしてはいません。低速調理で時間はかかりますが、素材の味を引き出すのがメインなのでむやみやたらと混ぜたり触ったりしません。

　料理教室で生徒さんに実際に料理をしてもらうと、皆さん知らず知らずのうちに混ぜたり触ったりしていらっしゃいます。「火がちゃんと通っているかしら？」「もう1回ぐらいひっくり返しておこうかしら？」「最後にちょっとだけ強火にしておこうかな？」などなど……。ちょっとした心配が結果として失敗につながってしまうのです。

　反対に分かっているつもりで、ついつい省略してしまうことも。目分量でもおいしく作れるのであれば問題ないですが、調理の理論や方法をきちんと分かっていないまま、適当に作ってもおいしくは作れません。

　料理は手を抜いてはいけません。そして、心配のあまりむやみにこねくりまわしてもいけません。食材を丁寧に扱って、食材の声を聞き、引き出してあげましょう。

　その結果が写真のような仕上がりの違いになります。料理の新常識を試してみたくなったでしょう？

弱火で焼いた肉
強火で焼いた肉
どっちがおいしそう？

左が弱火で焼いた肉、右が強火で焼いた肉。
焼き色も肉の厚みもこんなに違う！

PART 2

料理の新常識
レッスン編

ここからは私の料理教室に通ったつもりで、3つのルールを使った3つのレッスンをしていきましょう。この3つができれば料理の腕がワンランクアップします。

LESSON 1

火加減のルール

冷たいフライパンで焼く
手ごねしないハンバーグ

このレッスンで学ぶこと

弱火の定義・塩の計算・バターモンテ・地獄の釜の茹で方・肉の毒出し

弱火でじっくりと焼くので焼く前と厚みが変わりません！

最初のレッスンはハンバーグです。肉をこねて焼くだけだから簡単？ 誰でも作ったことのあるメニューですが、料理の新常識ではあり得ないことがたくさん起きているメニューの代表格です。一番のポイントは、肉には触ってはいけません、ということ。手ごねハンバーグなんて誰が言い出したのでしょうか？ 粘り気を出すために混ぜることは大切ですが、木ベラやゴムベラで充分、最後の最後に粘り気を出すときまで手は取っておきましょう。

弱火でじっくり焼いたハンバーグ、最初に出たアクと臭みをキレイに取って、うま味と肉汁はしっかり残っています。焼く前よりもふくらんでいるかのように肉厚、一口食べたら肉汁がジュワ～ッとあふれてきます！

【バルサミコソースを作る】

バルサミコソースは、酸味を飛ばしたバルサミコ酢とバターを乳化させたソースです。バルサミコの風味がよく、どんな料理にかけても合う万能ソースです。

まずは、バルサミコ酢の酸味を飛ばすため、小鍋に入れて中火にかけます。バルサミコ酢の表面が泡立ち、酢の匂いが立ち込めます。苦手な人は思わずむせてしまうくらいの酸っぱい匂い、これが酸味が飛んでいる証拠。

火から外しても泡がぐつぐつ立って、鍋を傾けるとトロミがついてきます。この状態で最初の量から 1/3 ～ 1/5 ぐらいの量になるまで煮詰めます。

火を止めてから 0.8% の塩を加えておきます。

塩の計算

この場合は、10g × 0.008 = 0.08g(0.1cc スプーン 2/3) 煮詰めて 1/5 になった 10g で計算しています。

● **材料** 2人分

[ハンバーグ]

合いびき肉	200g
鶏ひき肉	40g
玉ねぎ	80g
パン粉	10g
溶き卵	20g
牛乳	20g
塩	肉の重さの0.8%
塩	その他の重さの0.8%
ナツメグ	2cc
コショウ	4回転

[バルサミコソース]

バルサミコ酢	50g
塩	0.2g
無塩バター	10g

[バジルソース]

バジル	20g
オリーブオイル	40g

[付け合わせ]

ミニトマト	4個
ベビーコーン	2本
アスパラ	4本
水	100g
バター	20g

普段よりも時間はかかりますが、焼いている間は一切触らなくていいので、その間に付け合わせやバジルソースを作るといいでしょう。

何も言わずに食卓に出してみてください。一口食べただけで「何これ!」となったら成功です。ソースも難しいようで簡単に作れます。見た目も華やかになりますのでぜひ作ってみてください。

【 バジルソースを作る 】

シンプルなソースですが、とにかくバジルの香りがよく、バルサミコソースとよく合います。バジルの葉によってできあがりの色も違いがあります。

バジルの葉を熱湯にくぐらせて、キッチンペーパーなどで水気を充分に取ります。熱湯にくぐらせることで、酵素を抑制し、バジルの色が悪くなるのを防ぎます。

オリーブオイルと合わせて、ミキサーにかけるとソースのできあがりです。新鮮な風味を食したいので、ハンバーグができあがる時間と合わせるのもいいでしょう。

バターを冷蔵庫から取り出し、手前に入れる。泡立て器で鍋の向こう側を横一の字を往復するように掻き立てる。液を対流させ、少しずつバルサミコと混ぜて乳化させます。(バターが流れている筋が見えています)

バターモンテ

これはバターモンテというテクニックです。ソースなどを作るときに、仕上げにバターをひとかけ入れること。これによりまろやかでコクのある味に仕上がります。室温のバターだとすぐに溶けてしまって乳化しきらないことが多いので、冷蔵庫から取り出した冷たいバターを使いましょう。

弱火の定義

火をつけてから１分前後で、シューッという音か、小さな泡がパチパチと出てきたら、弱火の証拠！

放置して５分加熱したらバットに広げ、冷ましておきます。

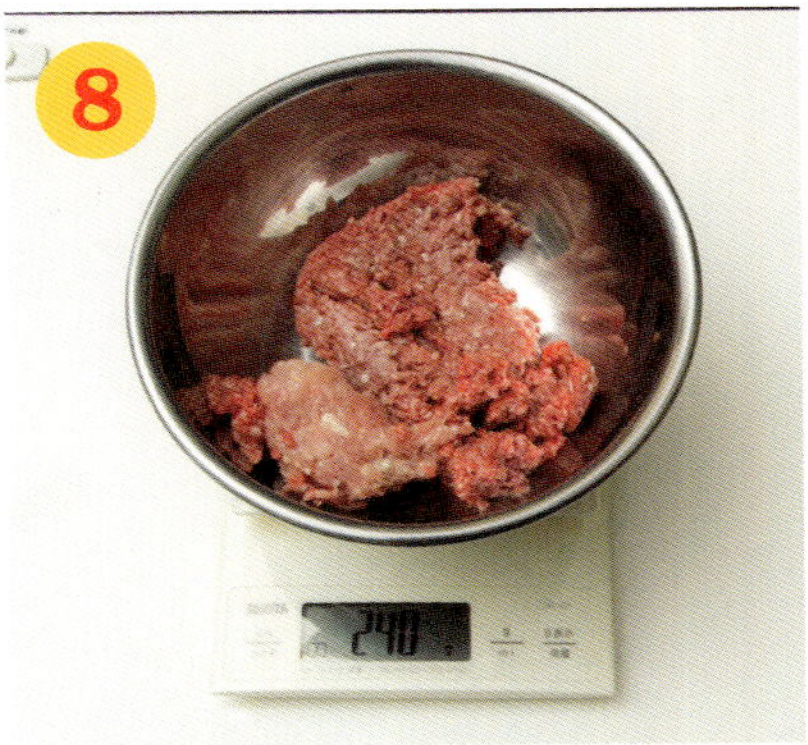

合いびき肉と鶏のひき肉を合わせて重さを計ってボウルに入れ、0.8% 分の塩をふります。

塩の計算

この場合は、240g × 0.008 ＝ 1.92g なので 1.9g の塩をします。

【ハンバーグを焼く】

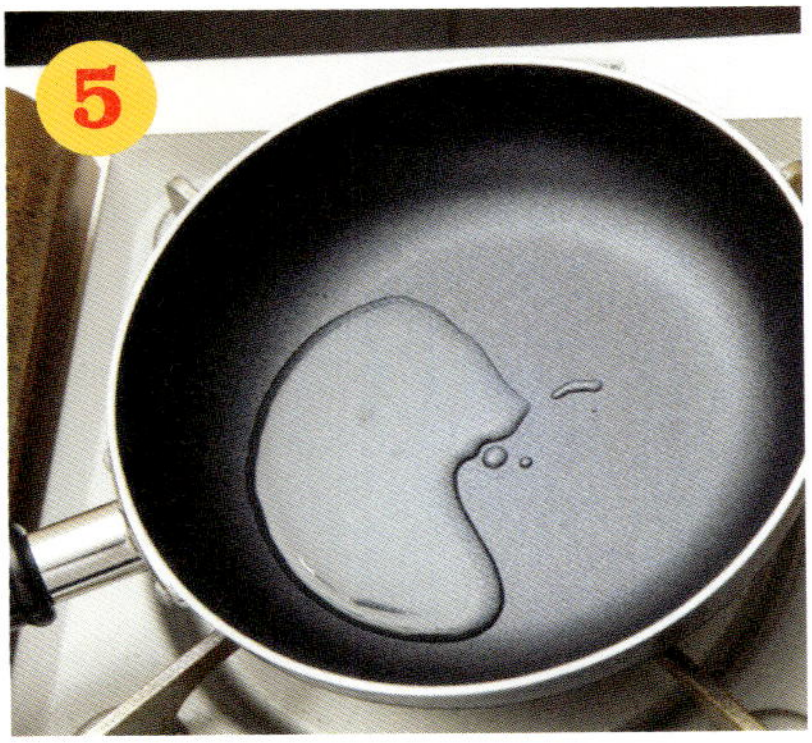

冷たいフライパンに油（分量外）を入れ、玉ねぎのみじん切りを入れてからキッチンタイマーをスタートさせて、弱火にかける。

弱火にして、とにかく触らない。写真のような小さな泡が出てきたら 100℃超えした証拠です。

みじん切りの方法

繊維に沿って縦に薄く切ってから、細かく横に切る。さらに細かく切るので、包丁で上から叩くようには切りません。この叩く行為が繊維を乱暴につぶしてしまいます。包丁の先端を支点にして、包丁を切り込んでは戻す。振り子のように前後に動かしながら軽く刻みます。

麺棒で叩くように力強く、ぐるぐると勢いよく混ぜ合わせます。少し粘り気のある状態になったらOKです。これを第1次結着と言います。

第1次結着

結着とはアクチンとミオシンという成分がくっつき細胞が変化することです。麺棒で混ぜることで、塩による結着性が発揮され、肉が粘度を持つようになります。

手で混ぜない

手で力強く混ぜることによって、体温の熱が肉に加わってしまいます。結着しにくくなるので肉には触らない！

パン粉と卵、牛乳を別のボウルに入れ、7の冷めた玉ねぎを合わせます。重さを計り、0.8%の塩をします。ゴムベラで軽く混ぜ合わせておきます。

塩の計算

この場合は、112g × 0.008 = 0.896g なので0.9gの塩をします。

9に10を合わせ、ナツメグとコショウを入れます。

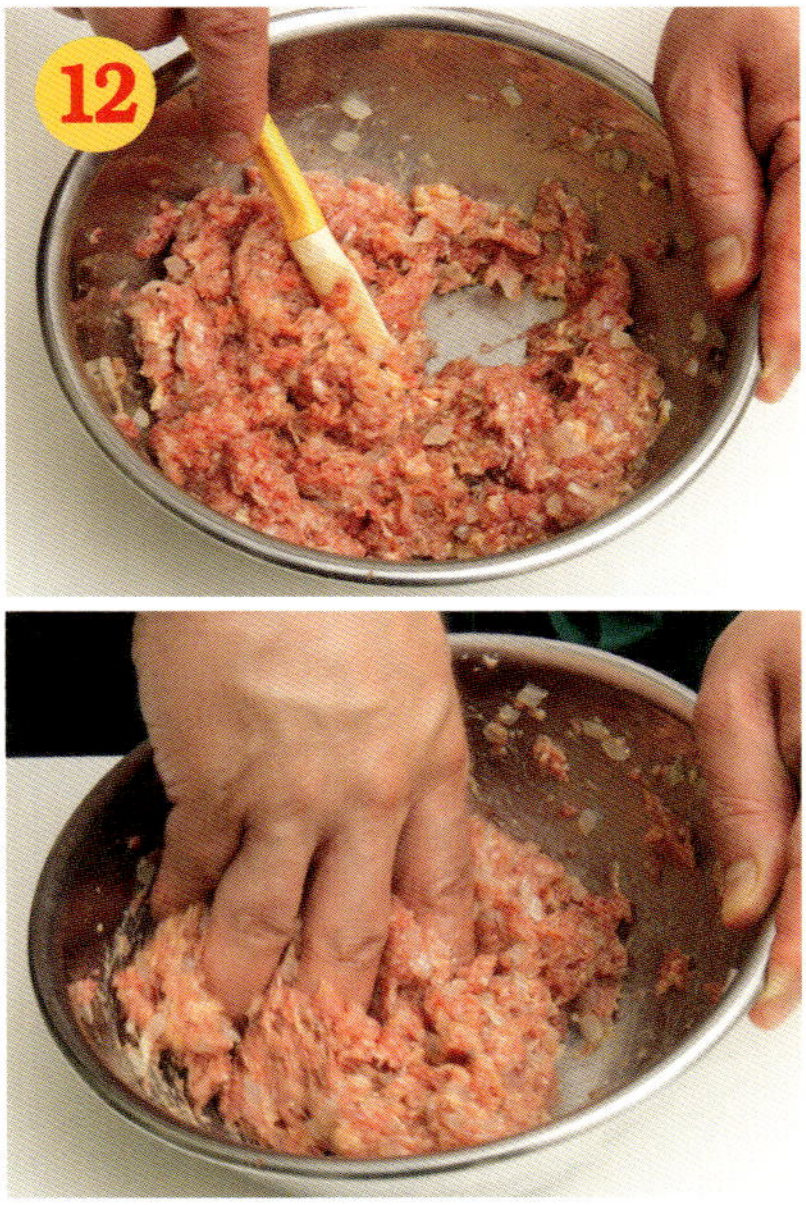

11 をゴムベラか木べらでしっかり混ぜ合わせます。それから手で混ぜ合わせます。さらさらと 10 回転ぐらい、混ぜすぎに注意 !!　これを肉の第 2 次結着と言います。手に絡みつくぐらいの粘りがあればいいでしょう。

第2次結着

ここでしっかり混ぜ合わせることで、タネがしっかりと結着します。ここでも手で混ぜすぎるのは NG！　水分が出てきたら（離水）失敗です。

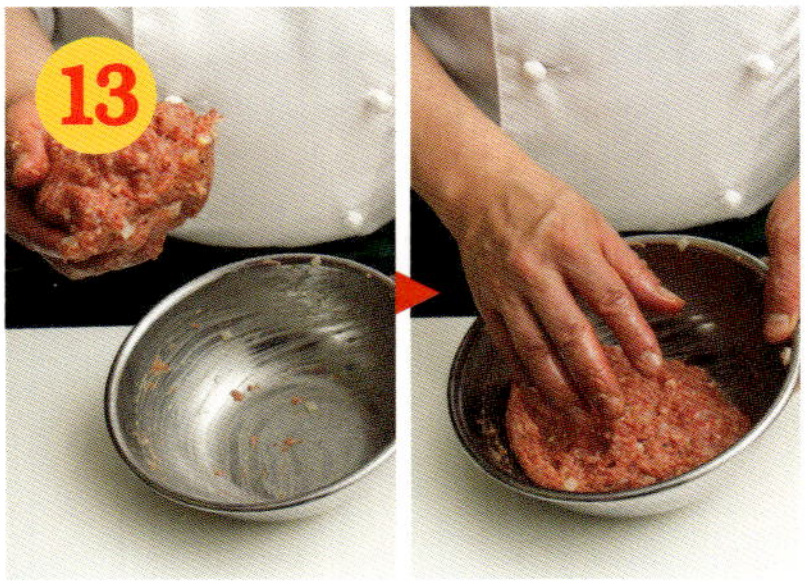

ボウルに 2 ～ 3 回タネを叩きつけるようにして空気を抜きます。

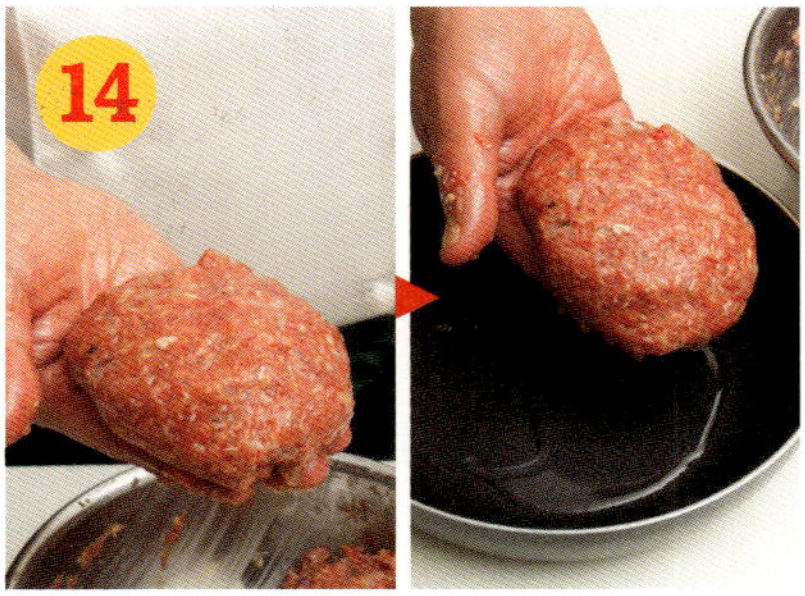

1 人分の大きさにまとめます。このとき真ん中をへこませる必要はありません。2 個作り、油（分量外）をひいた冷たいフライパンにハンバーグを 2 つとものせます。

真ん中はへこませない！

タネの真ん中はへこませません。ふくらむので焼き上がりが分かりやすく、火が通らないこともありません。また、ペタペタと空気を抜くのもここではもうする必要はありません。

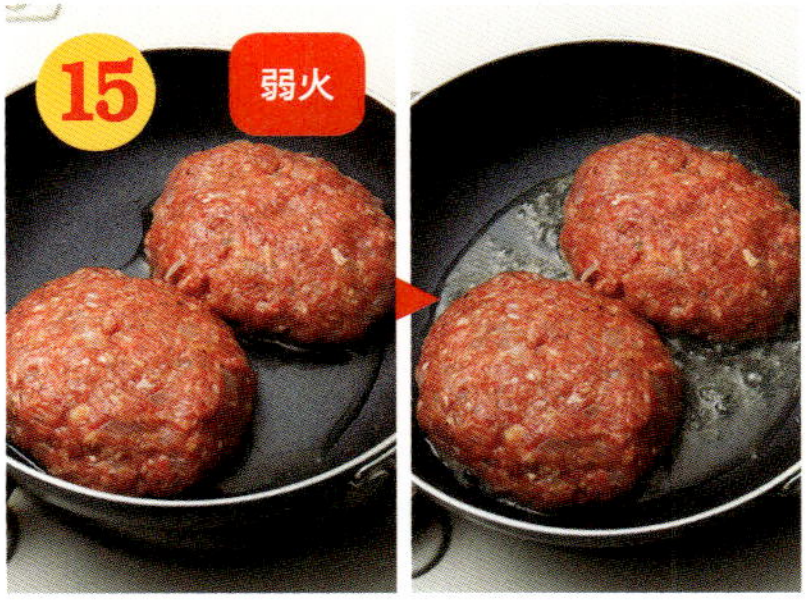

弱火で加熱します。

弱火は放置する

弱火なので触らなくても焦げない！　放置しておいて OK ！

弱火の定義

火をつけてから 1 分前後で、シューッという音か、小さな泡がパチパチと出てきたら、弱火の証拠！

最初に出てくる水分はアクと臭みです。キッチンペーパーで取り除きましょう。キッチンペーパーは最後までそのまま入れておき、余分な油などを取り続けます。

肉の毒出し！

弱火でじっくり焼くと、最初に肉汁とうま味と一緒に、アクや臭みが多く出てきます。このアクや臭みをまずは最優先してキッチンペーパーで取りましょう。弱火の場合は、肉汁もうま味も中にしっかりとまだ含まれています。

焦げの目安

アク取りのキッチンペーパーは焼き上がりまでフライパンの中に入れておきましょう。キッチンペーパーが焦げていたら火が強い証拠です。

側面の半分まで色が変わったら、裏返します。裏返した直後から今まで焼いていた面からも余熱が進みます。

裏返したときは平らだった表面が、丘みたいに盛り上がってきて、煮汁が出てじんわりと汗をかいてきた状態になったら、焼き上がりの目安です。

裏返したら数分で完成

裏返すと、今まで焼いていた面から余熱が進み、上下から熱が加わる状態になるので、焼き上がるまで３分ほどです。足りないかな、と思っても余熱で充分火は通ります。

【付け合わせを作る】

0.8％の塩分濃度にした湯を強火で沸騰させます。沸騰状態のままアスパラを入れて3分ほど茹でましょう。ザルにあけ、キッチンペーパーで水気をきっておきます。

地獄の釜の茹で方

素材を茹でるときのコツは、地獄の釜のように強火で沸騰させた状態のお湯でしっかり茹でること。茹で湯の塩分と、野菜の塩分の浸透圧が等しいので、シャキッとした仕上がりになります。

水とバター、塩と一緒に付け合わせの野菜を鍋に入れ、茹で汁がなくなるまで茹でます。皿にハンバーグ、付け合わせの野菜を盛りつけます。ハンバーグにバルサミコソース、バジルソースをかけて完成です。

ハンバーグを切っても肉汁はまったく出ません。あれっと思うかもしれませんが、食べるとふっくら、口の中には肉汁があふれます。これはちゃんと肉が結着して、水分を含んでいるからなのです。切って肉汁が出なければ成功です！

断面がギッシリ！

しっかり2度タネを結着しているので、断面がギュッと詰まっていて、ボソボソした感じがありません。

LESSON 2

塩加減のルール

固形ダシもブイヨンも使わない コーンポタージュ

このレッスンで学ぶこと

塩の計算・火加減の定義・
玉ねぎの切り方・
コーンの取り方

食材のうま味を活かせば塩だけで充分な味になる！

次は塩加減のルールを中心にレッスンしましょう。今回の主役は塩とうま味です。

ブイヨン、コンソメ、和風ダシ、皆さん信じられないくらいお使いになります。どんな食材もダシとなる「うま味」を持っています。食材のうま味をないがしろにして、どれだけ高価なダシを加えても、それは本当のおいしさにはなりません。素材からうま味を引き出してあげることが重要なのです。

ここで紹介するレシピの味つけは塩のみ。固形ブイヨンやダシの素、いわゆる合成調味料といわれるものが、食材の上に味をつけるのに対し、塩は素材のうま味を引き出すことに徹してくれます。

塩加減とダシの話で言うと、ポタージュだけでなくみそ汁も同じです。具材たっぷりのみそ汁に和風ダシをたっぷり

● **材料** 2人分

サラダ油 ………………… 大さじ1
玉ねぎ ………………… M1/4個(50g)
コーン ………………… 100g
(冷凍でも可、缶詰は水分が多いので避ける)
日本酒 ………………… 50g
水 ………………… 1カップ(200g)
タイム ………………… 1枝
塩 ………………… 小さじ2/3(3.2g)
こしょう ………………… 2回転
牛乳 ………………… 80cc

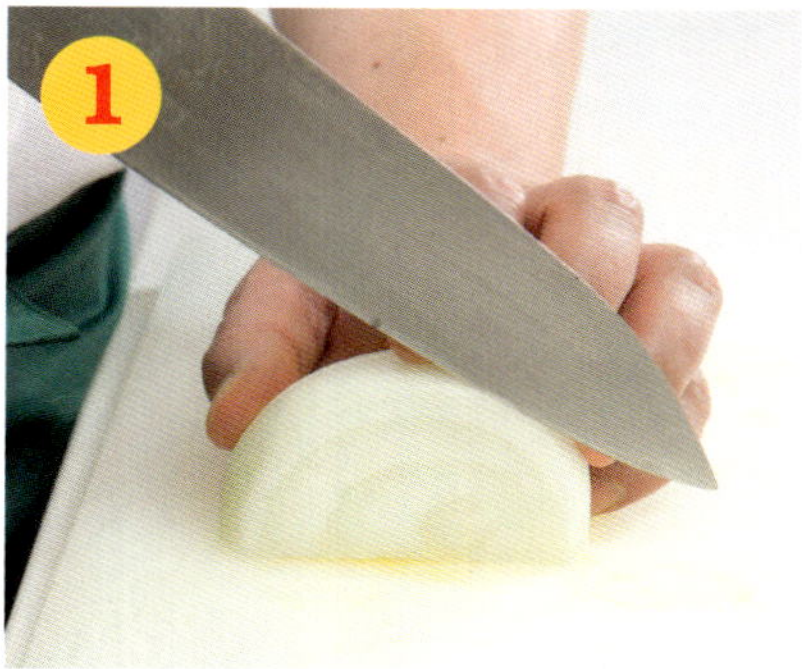

スープのダシとなる玉ねぎは、繊維に沿って5mm 幅にスライスしておきます。

冷たい鍋に玉ねぎとサラダ油を入れて絡め、弱火にかけます。

100℃超えしたら 2 〜 3 分おきにときどき混ぜます。玉ねぎが折れ曲がり、透き通るぐらいまで炒めます。

切り方の定義

刃を 30 度ぐらいの角度で立てて、手前から斜め前に突き出す感じで。押し切るのは NG ！　繊維をつぶさないように意識しましょう。(詳しくは P.32 参照)

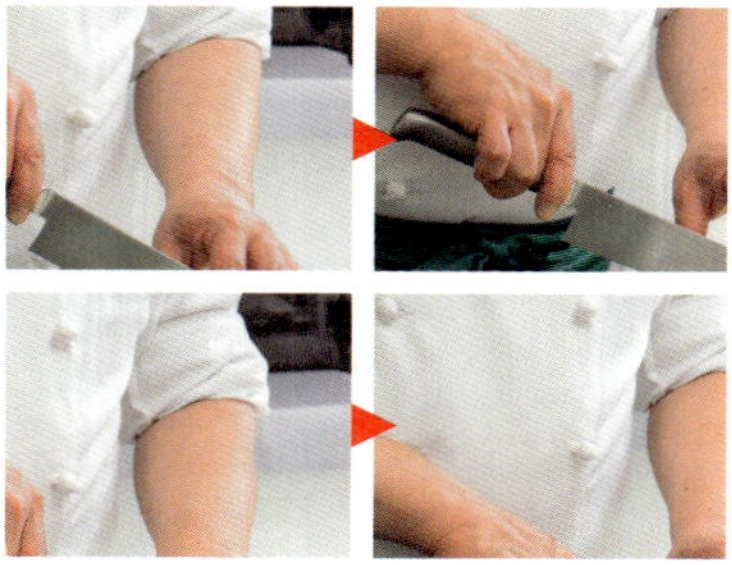

弱火の定義

火をつけてから 1 分前後で、シューッという音か、小さな泡がパチパチと出てきたら、弱火の証拠！

入れるのはなぜでしょう？　私が作るみそ汁には、うま味が出ない豆腐などの食材の場合以外、ダシはほとんど使いません。香り出しのためにみそをすり鉢ですって、みその塩分濃度と塩の塩分を計算して味つけします。具材の風味を感じるみそ汁もとてもおいしいですよ。

鍋にコーンを加えて、軽く炒め合わせます。

コーンの取り方

コーンは手で無理にむしり取ってはいけません。コーンの列に沿って、まっすぐに包丁を入れ、根元からサクッと切り離します。案外キレイに切り離せます。

フタをして、コーンの香りが出るまでに5分ほど蒸し炒めにします。途中で2回ほどフタを開けて、野菜の状態を確かめます。大体7～8分。香りと一緒に甘みも出てきます。

コーンの香りが上がってきたら日本酒を加えます。中火にして1分くらいかけてアルコールと水分を飛ばします。底に水分が見えなくなるぐらいまで。

水を加えて、引き続き中火のまま、沸騰するまでじっくり待ちます。

沸騰したら弱火にします。タイムと塩、コショウを加えて 10 分煮込みます。

ダシがいっぱい

蒸し炒めにしたコーンと玉ねぎから大量のダシが出て、煮込みの 10 分でさらに味が深まります。

塩の計算

このポタージュは最終的に仕上がりが 400g になることを決めて、塩の分量を計算しています。この場合は、400（加熱した玉ねぎ＋コーン＋日本酒＋水＋足した牛乳）× 0.008 ＝ 3.2g

鍋を火から下ろし、タイムを取り除きます。重さを計りましょう。

牛乳 80cc を加えながら、400g になった時点で加えるのをやめます。

ミキサーに 10 を入れて、1 分かけます。

ザルで漉して器に盛り、お好みでコショウをかければ完成です。

味の決め手は塩とダシ！

炒め→蒸し煮→煮込みで、じっくり具材からダシをとったポタージュ。固形ダシもブイヨンも全く必要なし、塩で味をつけただけでしっかりとした味わいになっています。

LESSON 3

切り方のルール

魚も気軽に切れる！
白身魚の簡単カルパッチョ

このレッスンで学ぶこと

魚のおろし方・魚の切り方・トマトの切り方・果物の切り方・塩の計算

切り方のルールなら出刃包丁は使いません！

最後のレッスンは切り方のルールです。実は切り方のレッスンと言いつつ、カルパッチョの魚の切り方は多少失敗してもいいのです。最悪、叩いてのばしてもいいのですから。なので、魚のおろし方からじっくり説明していきましょう。魚の身はやわらかいので手で強く押さえたり、また包丁を無理に動かすと身がボロボロになってしまいます。包丁は軽くにぎり、前後に細かく動かすようにして切り進めていきます。

トマト、グレープフルーツを切るレッスンも出てきます。どちらも身をつぶさないように切ることが大切です。30度の角度とスイートスポットを常に意識してください。トマトの皮って押しつぶしたりしていませんか？　切り方のルールを意識して

【魚をおろす】

魚をおろすときにも、新常識の切り方は通用します。出刃包丁など使うことなく、普段お使いの包丁でおろせますし、無理に包丁を引いて痛い思いをすることもありません。カルパッチョで使用する上身を切るところまでをご紹介します。

ウロコを取る。尾のほうから頭に向かってウロコ取りで、ウロコを取っていきます。ウロコは飛び散るのでビニールをかぶせながら作業をするのもよいでしょう。

背ビレ、尾ビレは固く、ケガをしやすいので最初にハサミで切っておきましょう。

● **材料** 2人分

[カルパッチョ]

チダイ又はレンコダイ ……… 1尾
※スズキやヒラメなど、白身魚であればOK
※上身の状態：3枚おろしの後、皮と小骨を除去する
塩 ……… 魚の重さの1%
コショウ ……… 4回転

[トマトソース]

玉ねぎ ……… 20g
生姜 ……… 1g
トマト ……… 60g
赤ワインビネガー ……… 2g
オリーブ油 ……… 5g
塩 ……… ソースの重さの0.8%

[グレープフレーツのマリネ]

グレープフレーツの果肉 ……… 60〜70g
塩 ……… グレープフルーツの重さの1%
すだちの絞り汁 ……… 3g
ハチミツ ……… 2g
オリーブ油 ……… 5g
塩 ……… すだち汁＋ハチミツ＋オイル の合計の1%
すだちの皮 ……… 1個分
クレソン ……… 適量

切れば、絶対に皮を押しつぶすなんてことはないのです。知っているのと知らないのとでは本当に大違いです。

このカルパッチョ、鮮やかな色のトマトソースと、グレープフルーツのマリネのさわやかな酸味が、白身魚によく合います。3つのレッスンでソースも3つ出てきました。他の料理にもぜひ合わせてみてください。

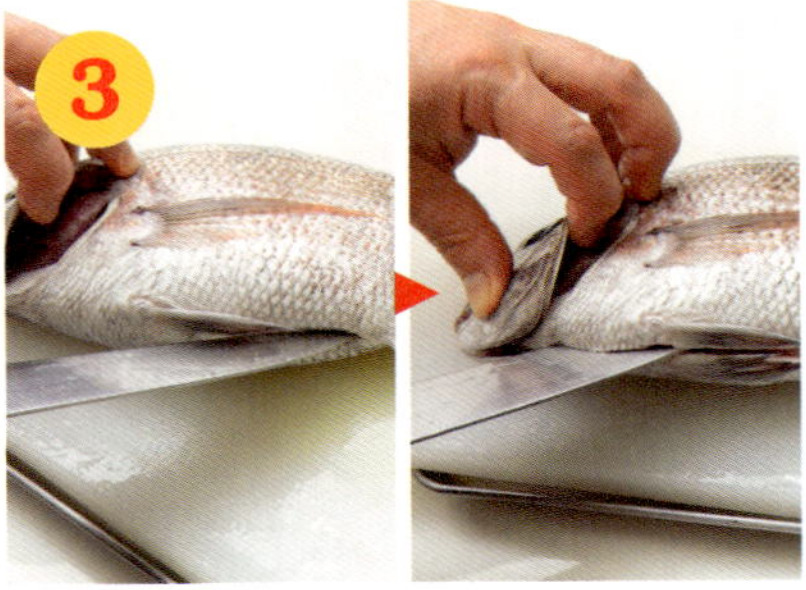

腹を切ります。肛門から包丁を入れてエラのほうまで切り進めます。

切り方のルール

刃先を立てて引くのではなく、スイートスポットを意識しましょう。（P.34 参照）正しい姿勢を意識しながら、引き切るのではなく、腹をなぞるように切ります。

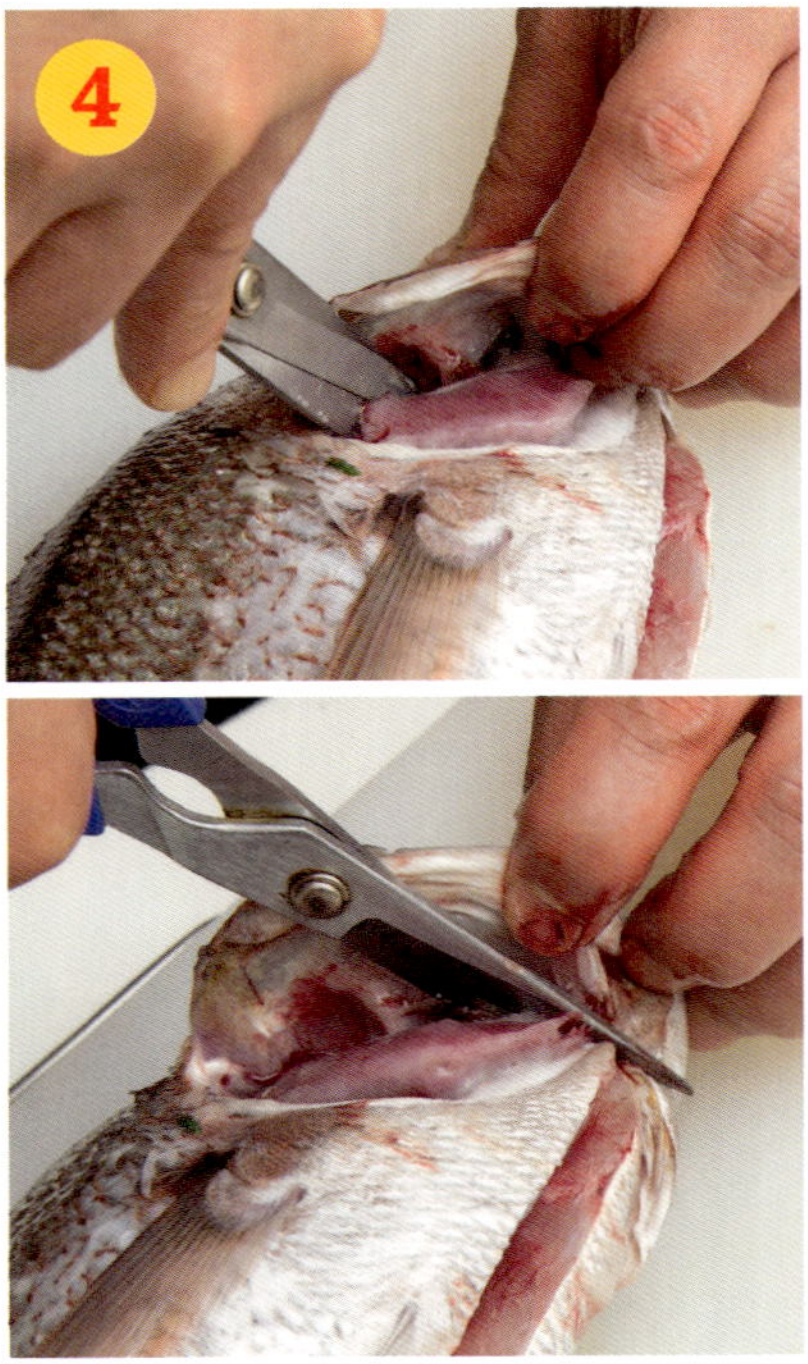

エラのつながっている部分を左右２カ所ずつ切っておきます。

腸と肛門のつながっている部分を切ります。

まな板は湿らせる

内臓などを出すときにまな板が乾いていると、汚れや臭いが取れなくなってしまいます。

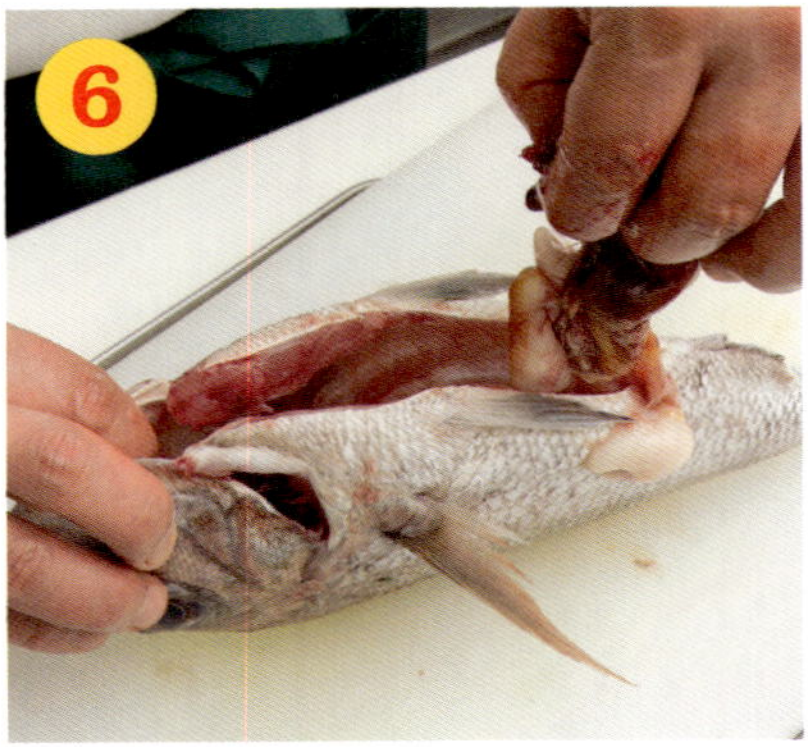

エラを持って内臓を取り出します。

お腹の中を水でよく洗い、魚の身をよく拭いておきましょう。

まな板を拭く

次から身をおろすので、まな板の水気をしっかり拭き取っておく。

胸ビレ、腹ビレの下にかけて、表裏それぞれ切り込み、頭を取ります。

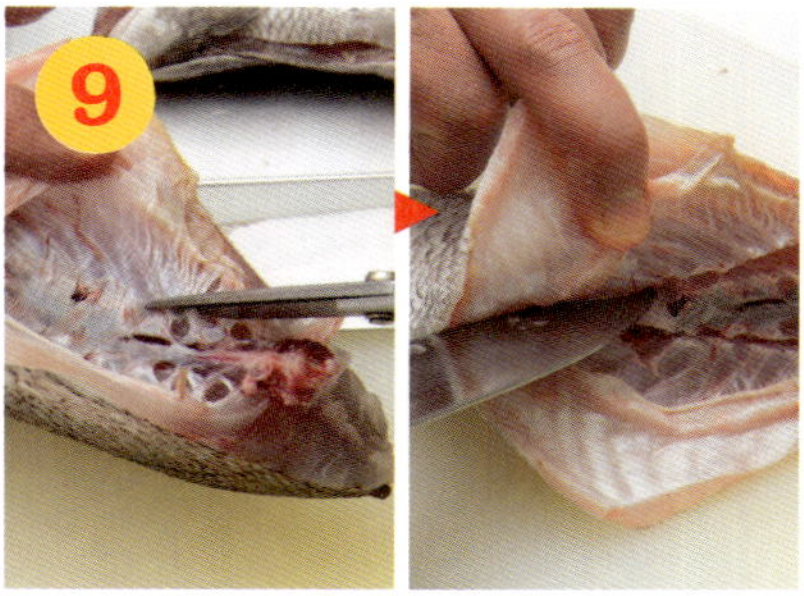

まずハサミで腹骨と脊柱を切り離します。包丁に持ち替えて刃先を脊柱に当て、尻ビレにかけて背骨に包丁の刃をのせるように入れ、後は尾ビレのほうに向かって細かく動かします。

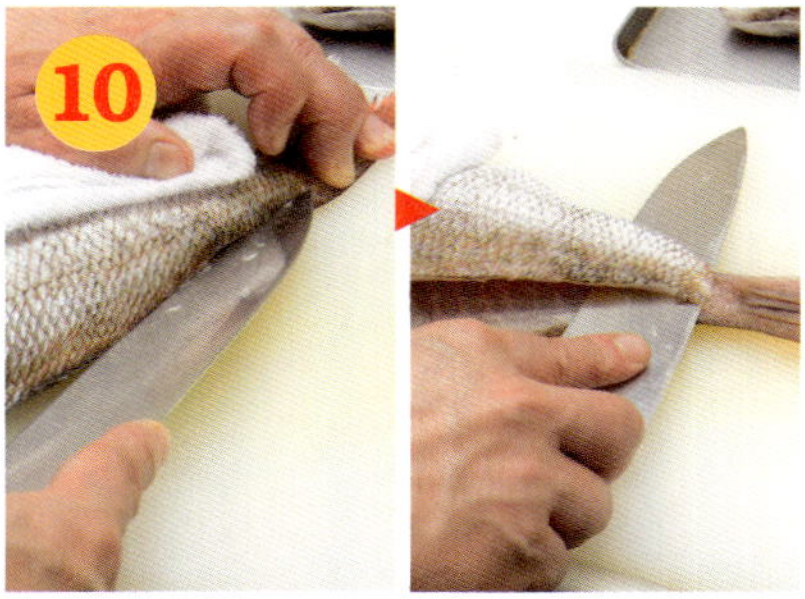

向きを変えて、尾ビレから背ビレにかけて包丁の刃を当て、脊柱に向かって魚の身を背骨からすくい取るようなイメージで刃を入れて上身をおろします。

切り方のポイント-1

刃先を脊柱に当てて、小刻みに動かしながらすくい取るように切ります！　正しい姿勢、高さ、持ち方を常に意識するのを忘れないようにしましょう。

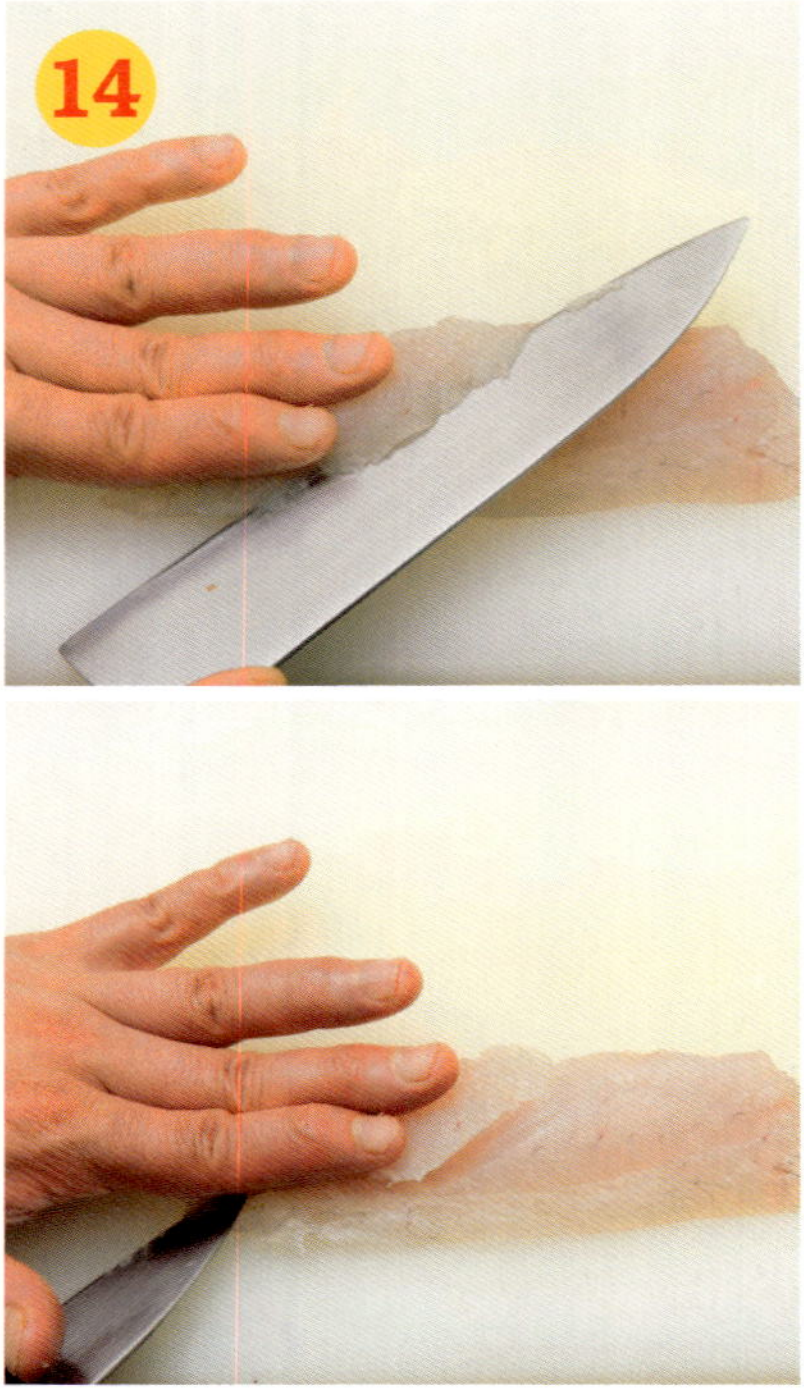

魚を薄くそぎ切りします。スイートスポットを意識しながら切ります。

切り方のポイント-2

包丁を引きながら切っていきます。ここでは30度の角度は必要ありません。

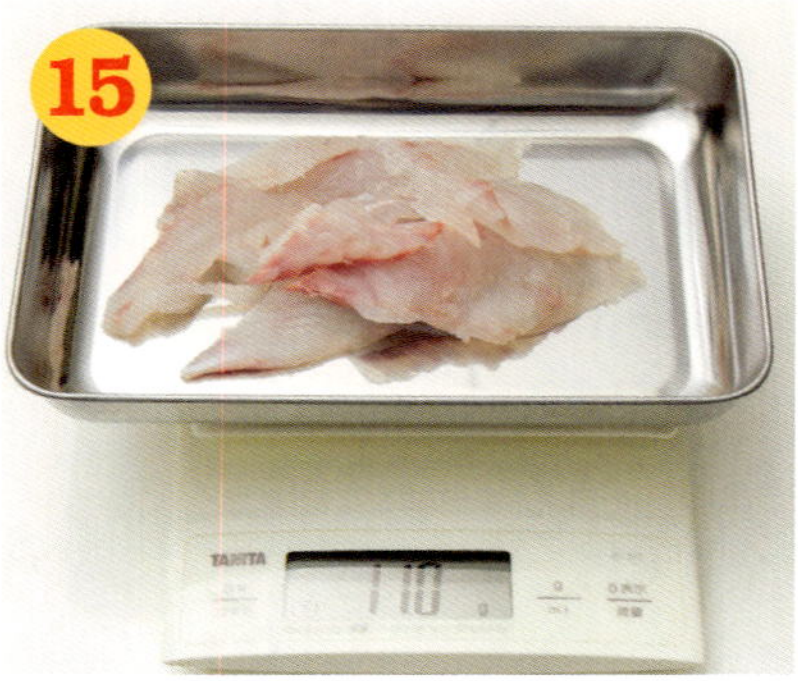

切り身の重さを計っておきます。

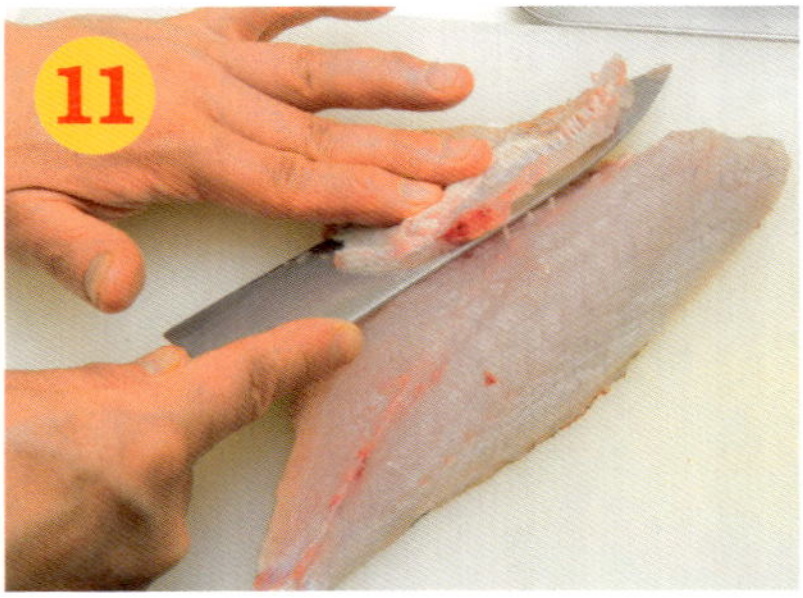

腹骨を梳き取るようにして切り取ります。

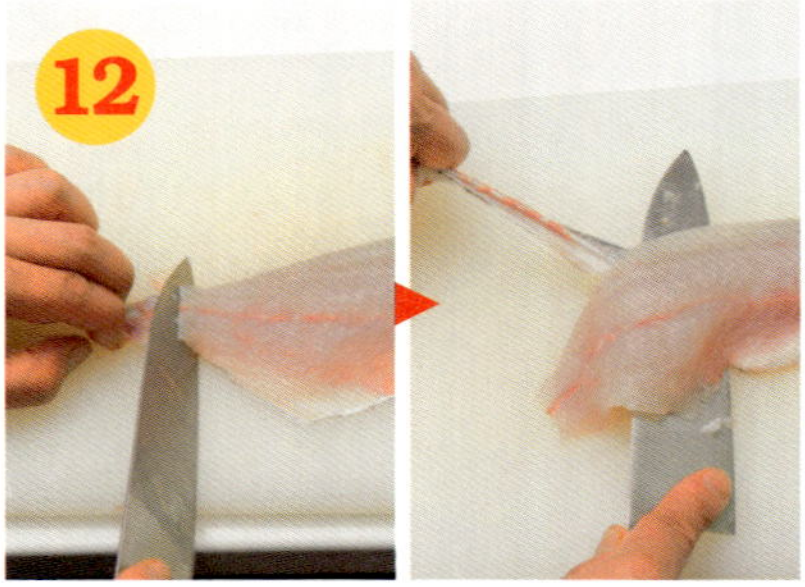

尾のほうから切り込み、包丁で皮を押さえるようにします。左手で皮を前後に動かしながら軽くひっぱっていきます。

【 カルパッチョを作る 】

カルパッチョとはイタリアの料理ですが、本来は生肉で作る料理です。魚を使うのは日本発祥で、薄造りにも似ています。少しぐらい不格好でも構わないので、お刺身より気軽に切れるのがいいところです。

先ほどおろした魚の上身を使います。

ラップの上に 13 ～ 15cm くらいの円を描くように、皮目を下にして並べて敷きつめます。上にもラップを重ねて肉たたき（なければ瓶の底など）で軽く叩いて厚みを均一にします。

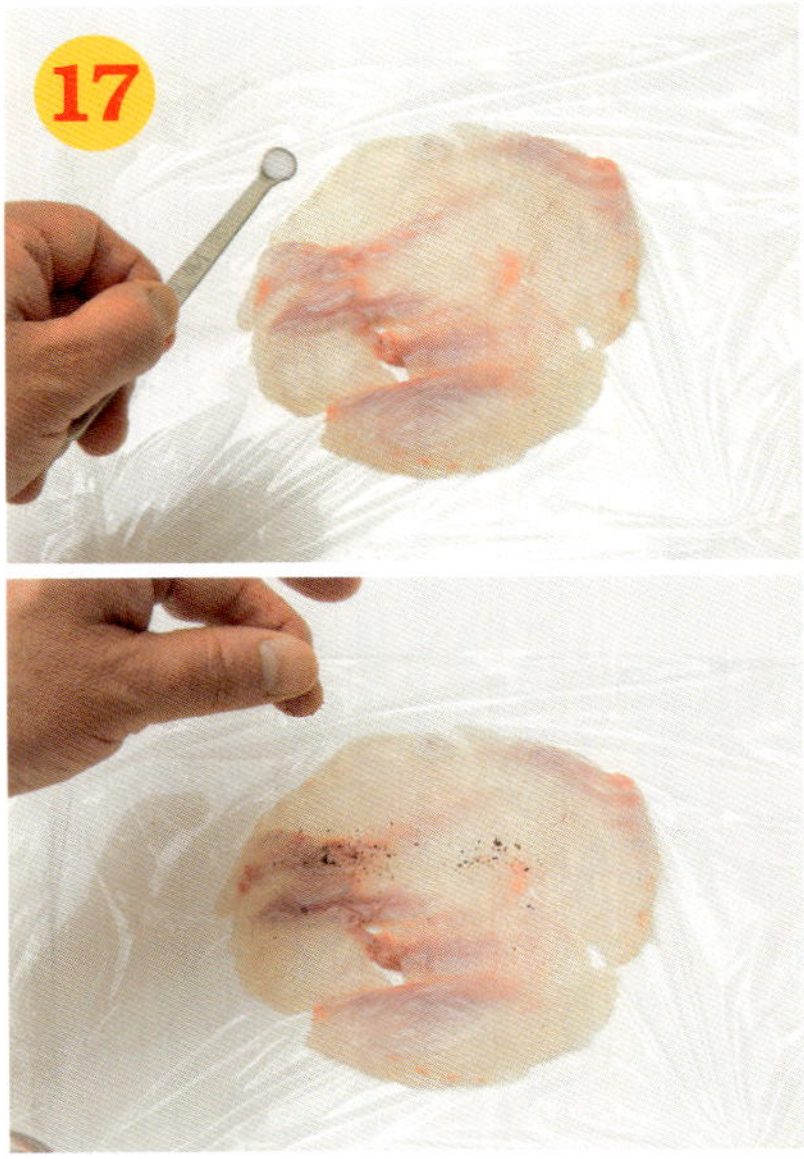

魚の重さの 1% の塩とコショウを身の表面全体にふります。薄くエキストラヴァージンオイル（分量外）を表面に塗り、冷蔵庫で 30 分ほど寝かせておきましょう。

塩の計算

110g × 0.01 = 1.1g

【 トマトソースを作る 】

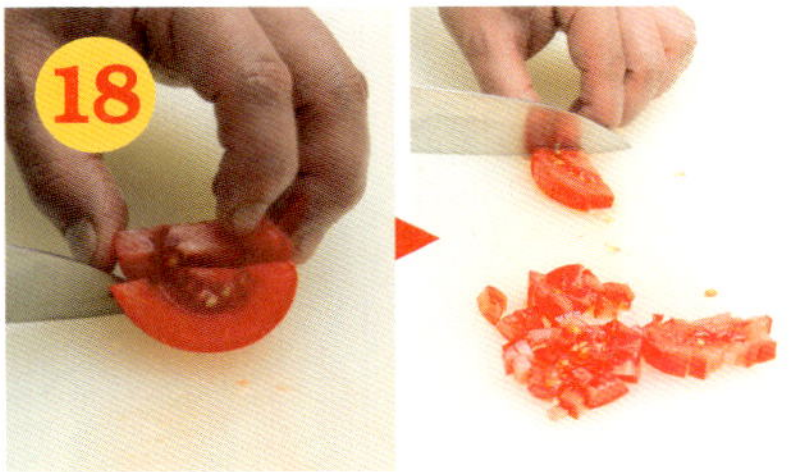

トマトを小さめ（1cm 以下）の角切りにします。

トマトの中身がつぶれない！

切り方のルールで切れば、小さく切ったトマトもつぶれません。刃元のほうばかり使うと、切っているつもりでも押しつぶしてしまいがち。30 度の角度で斜め下にサクッと突き出すようにして切り込みましょう。

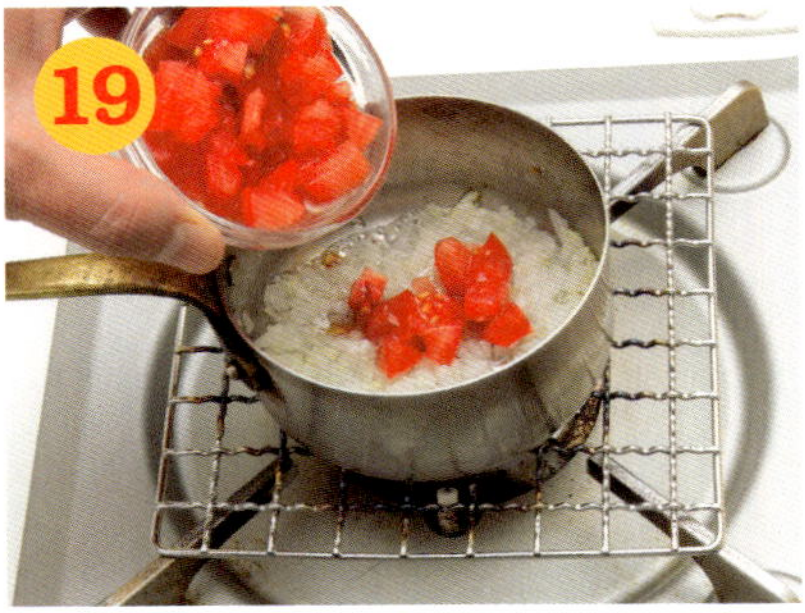

小鍋にみじん切りにした玉ねぎと生姜、サラダ油を入れてよく和えてから弱火で 5 分、火にかけます。トマトを加えてさらに 5 分ほど炒め、煮詰めます。

19 とビネガー、オリーブ油を合わせ、重さの 0.8% の塩、コショウをしてミキサーにかけ、冷たく冷やしておきます。

グレープフルーツを櫛形切りにし、さらに2〜3mm厚さに切っておく。重さの1%の塩で和えておきましょう。

果肉もつぶれない！

果物も切り方のルールで切れば、汁が出ないままキレイな形で切ることができます。実が小さいので包丁はそっと細かく動かして。

小ボウルにすだちの絞り汁、ハチミツ、オリーブ油を入れ、重さの1%の塩をして泡立て器でしっかり混ぜて乳化させます。グレープフルーツとよく和えておきます。これでマリネのドレッシングができました。

カルパッチョの上にマリネのドレッシングをかけ、周りにトマトソースを流します。

中央にグレープフレーツをのせ、すだちの皮を削ってかけます。クレソンの葉を白身の上にのせたら完成です。

PART 3

料理の新常識
いつもの家庭料理編

3つのルールのレッスンも終わりました。
いよいよレシピを紹介していきます。
まずは家庭料理です。
よく食べる味だからこそおいしく作りたいもの。
それぞれポイントがあるので、
意識して作ってみてください。

アクを凝固させてみる！
お豆と鶏の春サラダ
▶ P.63

小麦粉は女王様！
クリームシチュー
▶ P.82

全く縮まない魚介類
シーフードカレー
▶ P.92

弱火でゆっくりかき混ぜる
ふわっとオムレツ

シンプルなオムレツですが、一口食べればふわふわ！　きちんと卵のコシを切って、弱火でゆっくりかき混ぜるので失敗もありません。付け合わせのサラダには酢＋塩＋油の組み合わせで、簡単に作れるフレンチドレッシングを。卵もドレッシングも混ぜ方ひとつで味が驚くほど変わります。

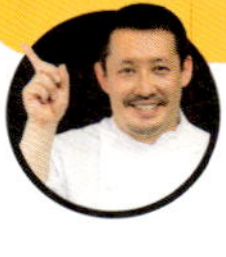

菜箸の間をあけるだけで
なめらかな卵液になる

【オムレツを作る】

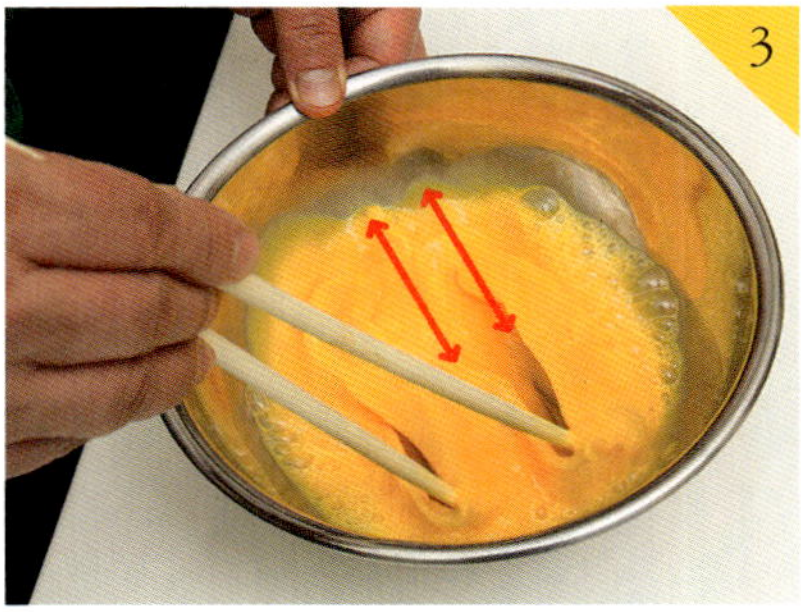

卵をボウルに割り入れ、コシを切るように充分混ぜる。菜箸の間をあけ、ボウルに押さえつけるようにして、横一の字を書くように力強く往復させる。白身と黄身がしっかり混ざるようにする。

★ **コシを切るとは、白身や黄身のドロッとした固まりを均一になめらかにすること。**

きちんとコシが切れている状態。コシを切るための専用の道具を使用しても。

生クリーム、塩、砂糖、コショウの順に入れながらよく混ぜる。

● **材料** 1人分

［オムレツ］

- 卵 …… 3個（160g前後）
- 生クリーム …… 20g
- 塩 …… 全材料の重さの0.7%（水分が少し飛ぶので）
- 砂糖 …… 1g
- コショウ …… 3回転
- 無塩バター …… 10g

［付け合わせサラダ］

- ベビーリーフ …… 10g
- ミニトマト …… 2個
- 塩 …… 0.1g
- コショウ …… 1回転

［フレンチドレッシング］

- 赤ワインビネガー …… 15g（大さじ1）
- 塩 …… 0.2g
- オリーブ油 …… 15g（大さじ1）

【フレンチドレッシングを作る】

赤ワインビネガーを入れたボウルに、塩を溶かし込むようによく混ぜてから、オリーブ油を一気に入れる。

1カ所で左右に細かく動かし、両サイドに混ざった液の対流がハート形にできるようにして混ぜる。

★ **酢＋塩＋油の順番でフレンチドレッシングの完成です。**

冷蔵庫から取り出したバターを、冷たいフライパンに入れる。弱火でゆっくりバターを溶かす。

バターが半分溶けたらザーッと卵液を入れ、弱い中火にしてから全体をゴムベラでゆっくりよくかき混ぜる。

★ **あせらないで、卵液を底からはがすように、1周1秒が目安！**

固まってきたら混ぜるスピードを少し速くする。全体が固まってきて、卵液が流れなくなりフライパンの底が見えるようになるまで続ける。

★ **2周1秒が目安！**

全体が固まったら、フライパンを火から外して、前方に傾けて向こう端に寄せ、オムレツの形に整える。

フライパンの柄を逆手に持ち、皿にフライパンをかぶせるようにして盛りつける。

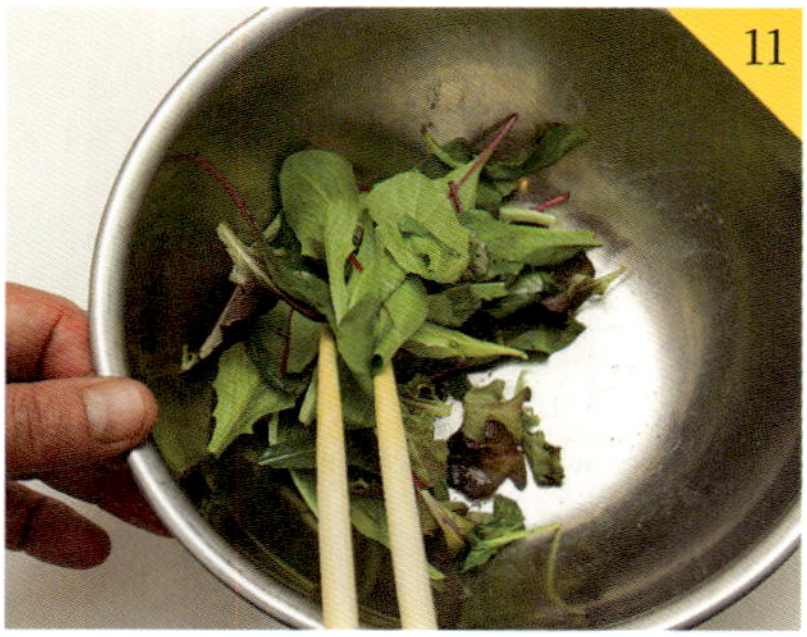

ベビーリーフに塩とコショウを和えてドレッシングを混ぜる。ドレッシングのかけすぎに注意する。底にドレッシングが流れてこないぐらい。オムレツの横にサラダを盛り、ミニトマトを添えて完成。

★ **ドレッシングは底にためないように！**

ジューシーすぎるささみの お豆と鶏の 春サラダ

火を入れて5分放置の
くり返しがささみの細胞を
生き返らせる！

● **材料** 2人分

- 鶏ささみ……100g（2本）
- 茹で湯……400g（1.7%の塩を入れる）
- グリーンピース（豆の状態）……20g
- そら豆（豆の状態）……30g
- いんげん……30g（4本）
- スナップエンドウ……40g（4本）
- 塩……茹でた豆の重さの0.8%
- オレンジの果肉……60gまたは8房分
- 塩……オレンジの果肉の重さの0.5〜0.6%
- グラニュー糖……オレンジの果肉にふる塩の重さの3倍

［ソース］

- オレンジの果汁……50g
- 赤ワインビネガー……6g
- オリーブ油……20g
- 生姜の絞り汁……4g
- 塩……ソースの材料の重さの0.8%
- 鶏の煮汁……20g
- ピンクペッパー……20粒

まずは一口食べてみてください。やわらかく、とろけるような食感はささみとは思えません!! 体温に近い40℃、さらに70℃でゆっくり火を入れていきます。ささみがパサパサになるのは、やはり急激な温度上昇が原因なのです。最後にアクを凝固させて取り除き、澄んだ茹で汁でソースを作ります。

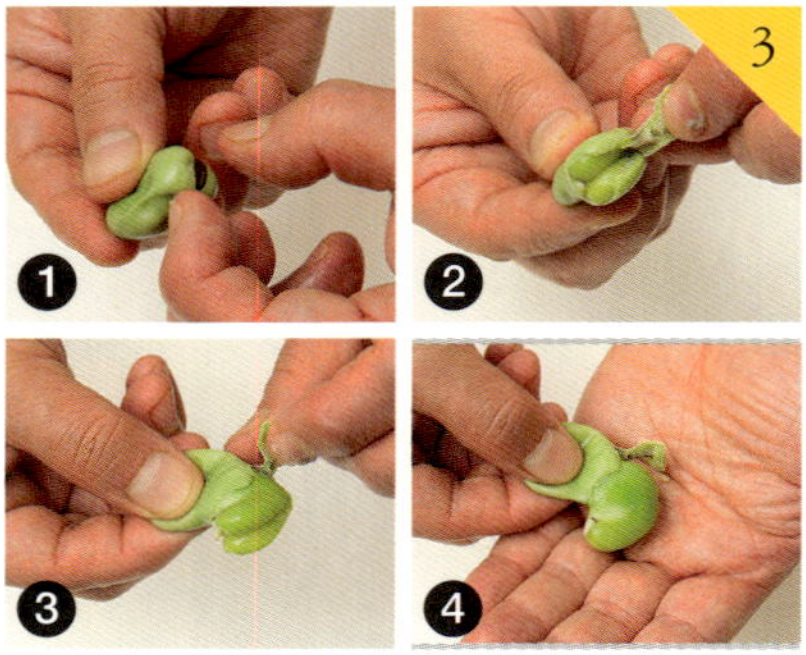

そら豆の皮のむき方。三つ又になっている黒い部分が豆とくっついているので、そこをめくって下から押し出すように豆を出す。

茹でた豆の総重量の0.8%の塩をしてよく和えて、冷蔵庫などで冷やしておく。

★ まだ温かいうちに塩をしてなじませる。

水400gに塩7gを入れて、ささみを入れてから弱火にかける。40〜45℃になったら火を止めて、5分置く。

★ 温度上昇に7〜10分かかります。できたらときどき裏返しましょう！

【下準備をする】

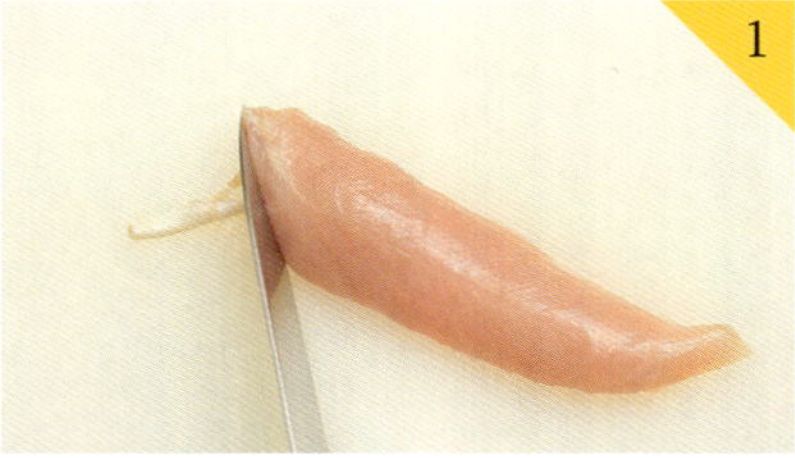

鶏ささみの筋は無理に取ろうとしないで、出ている筋だけ切り取るようにする。グリーンピース、そら豆は豆をさやから出しておく。いんげんはヘタを切り落として、スナップエンドウは筋を除去しておく。オレンジは皮をむき、半分は櫛形に、半分は果汁を絞っておく。

【野菜、鶏ささみを茹でる】

沸騰させた湯（分量外）に、グリーンピース、そら豆、いんげん、スナップエンドウを一斉に入れ、2分半〜3分茹でる。固さを残したいので塩は入れずに短めに茹でる。茹で上がったら冷水に落としてあら熱を取り、水分をペーパーでしっかり拭き取る。

★ 塩には素材を軟化させて、水分を出す効果があります。

再度弱火で加熱して、70℃になったら火を止めて、再度5分おく。じっくり加熱すると肉から臭みやアクが出る。ささみを茹でるのはここまで。湯から取り出し、水気を切り、冷ます。

★ **少し足りないと思っても、余熱で充分に火は通ります。**

煮汁だけを再度加熱して、90℃まで温度を上げてアクを固まらせて浮遊させる。目で見えなくても肉のアクは42℃を超えたあたりから出はじめる。温度を上げると、アクが凝固してる。

★ **完全に沸騰させてしまうと臭みが出るので気をつけましょう。**

アクが凝固しきった煮汁をペーパーで漉しておきます。

オレンジの果肉はボウルに入れ、重量の0.5～0.6％の塩とグラニュー糖をして5分おき、冷やしておく。

★ **砂糖をかける理由は、オレンジの甘みがないものでもおいしくするため、水分を脱水させるため。個体差があるので調整しましょう。**

【ソースを作る】

ボウルにオレンジの果汁、赤ワインビネガー、オリーブ油、ソースの材料の重さの0.8％の塩を加えた生姜の絞り汁、鶏の煮汁を加えてよく混ぜる。

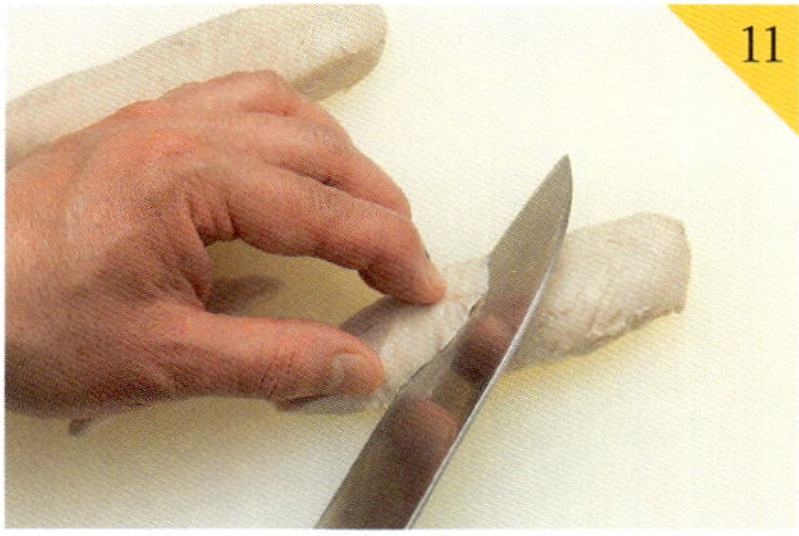

6のささみは、4～5切れのそぎ切りにする。4のいんげん、スナップエンドウは斜めそぎ切りにする。ソースを流した皿に、全ての具材を盛りつけ、ピンクペッパーを散らして完成。

手作りマヨネーズのごちそうポテサラ

浸透圧を考えて計算した分量の塩を入れて、沸騰したお湯でしっかり茹でたじゃがいもは水っぽくなりません。裏ごししたじゃがいもと、角切りしたじゃがいもの2つの食感。塩で味つけしただけの野菜本来の味と、手作りマヨネーズの濃厚さが上品な味にしてくれます。手作りマヨネーズも手順を覚えてしまえば手軽に作ることができます。

茹でるときも
塩加減のルール！
ホクホクしっとりの仕上がりに

【マヨネーズを作る】

ボウルに卵黄とマスタードを入れて混ぜてから、塩を加えてさらによく混ぜる。ボウルの下にタオルを敷いて、ボウルの向こう側が下がるように斜めにすると、油が一気に入り込みません。

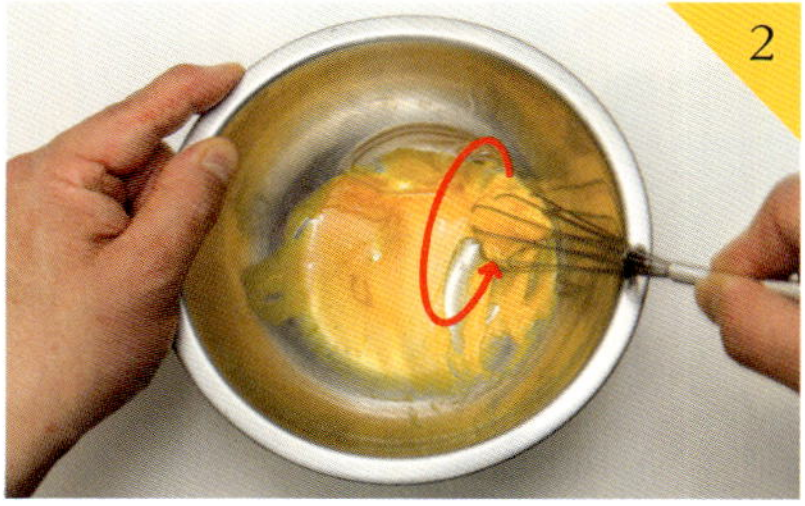

ボウルの底向こう側に少しずつサラダ油を加え、泡立て器でボールの手前上部に向けて、縦に楕円を描くように混ぜる。卵と油を乳化させる。泡立器は小さいものを使い、同じスピード、同じ方向に、速くも遅くもなくシャカシャカと混ぜるのがポイント。

★ **急激にかき立てると油が分離してしまいます。**

全体が混ざり合って、マヨネーズ状になったらビネガーを加えて混ぜて完成。

● **材料** 2人分

[ポテトサラダ]

じゃがいも ……… 皮つきのまま200g
茹で湯 ……… 300g
(0.5〜0.6%の塩を入れる)
塩 ……… じゃがいもを裏ごしにしたものの重さの0.8%
塩 ……… じゃがいもを7mmに角切りした重さの0.8%
マヨネーズ ……… 20g
玉ねぎ ……… 20g
生クリーム ……… 5g
コショウ ……… 2回転

[マヨネーズ]

卵黄 ……… 10g
マスタード ……… 2g
塩 ……… 0.4g
サラダ油 ……… 60g
ビネガー ……… 2g

[トッピング]

玉ねぎ ……… 20g
にんじん ……… 20g
セロリ ……… 10g
サラダ油 ……… 10g
塩 ……… 炒めた野菜の重量の0.8%
ピクルス ……… 20g
うずらの卵 ……… 4個
ミニトマト ……… 4個
パセリ ……… 2g

[バジルペースト]

バジル ……… 大12枚
サラダ油 ……… バジルを茹でて水気をきった重さの3倍

トッピングの玉ねぎ、にんじん、セロリは5mmくらいの角切りにして、冷たいフライパンにサラダ油と入れ、よく絡めてから弱火にかける。

3分炒めたら取り出して重量を計り、0.8%の塩をして混ぜ、5mm角切りのピクルスを入れてから混ぜて充分に冷ます。

【バジルペーストを作る】

バジルの葉を沸騰した湯にくぐらせ、冷水に取り、水気を充分に絞って、ペーパーで拭き取り、サラダ油を合わせてミキサーにかける。(P.42参照)

【ポテトサラダを作る】

トッピング用のうずらの卵を茹でる。沸騰した湯に2分入れ、取り出して冷水で冷まし、殻をむき半分に切っておく。

じゃがいもを皮つきのまま1cmくらいの厚さの輪切りにして、鍋に300gの水と1.8gの塩を入れる。なるべく重ならないように入れて中火にかける。軽い沸騰状態を保ち、串で刺すと軽く通るまで茹でる。茹で上がったら取り出し、キッチンペーパーで水をきっておく。

★ **じゃがいもの塩分と水の塩分濃度を合わせましょう！**

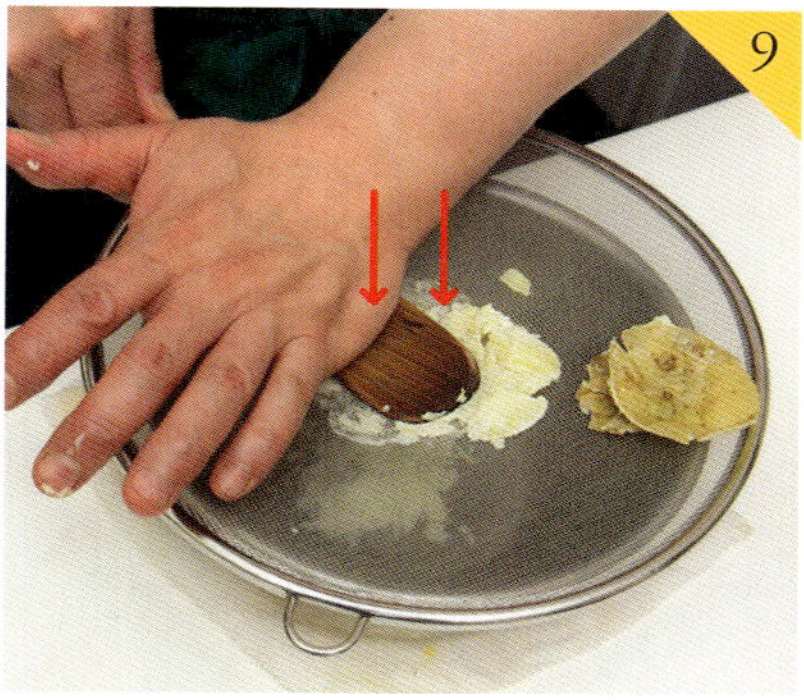

じゃがいもの半分を裏ごしにする。残りの半分は7mmの角切りにする。じゃがいもの裏ごしは、手前に引いたりしないで、上から押さえつけるようにストンとじゃがいもを網の下に落とすように。

★ 裏ごしは真下に落とすと目詰まりしない！

裏ごしと角切りのじゃがいもを合わせて重さを計り、塩を加えておく。

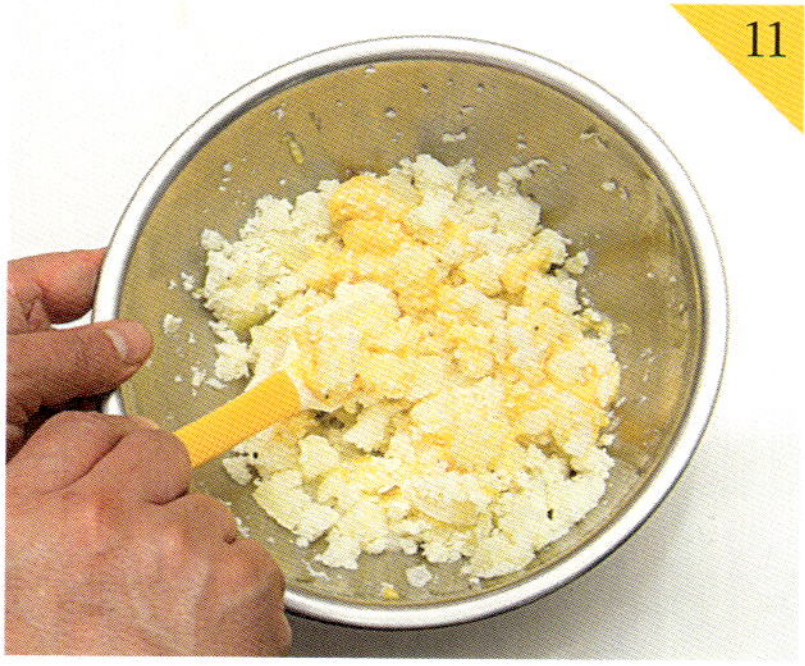

3mmの角切りにした玉ねぎを10に加え、マヨネーズ、生クリーム、コショウを順に入れてよく混ぜる。玉ねぎの塩味が薄いときのみ重さの0.5～0.8%の塩をふっておく。

トマトの重さを計り、0.8%の塩を加える。

皿にセルクルを置き、ポテトサラダを中に入れる。上に8をのせ、セルクルを外す。うずらの卵とトマト、パセリを飾り、バジルペーストを皿に流し完成。

これが本気の 皮ぱりチキンソテー

触りたくても
触っちゃダメ！
弱火でじっくり待ちます

● **材料** 2人分

[チキンソテー]

鶏もも肉	100g
塩	重量の0.8%
コショウ	3回転
サラダ油	15g
コショウ	2回転

[キノコのフリカッセ]

椎茸	60g
しめじ	60g
マッシュルーム	60g
エリンギ	60g
ニンニク	4g
パセリ	4g
あさつき	2g
オリーブ油	15g
塩	炒めた後の重量の×0.8%
コショウ	3回転

[バルサミコソース]

バルサミコ酢	50g
生クリーム	20g
無塩バター	20g
塩	0.6%

[スナップエンドウの塩茹で]

スナップエンドウ	8本
茹で湯	鍋の半分程度(1.5%の塩分)

長時間焼いて皮も焦げ気味、肉もずいぶん縮んだのに、切ってみたら中だけ赤い……。肉の焼き方を見直してみましょう。料理の新常識の定番・基本メニューです。付け合わせのキノコのフリカッセ(炒めもの)は、塩とニンニクで味つけしただけですが、低温でじっくり炒めているのでキノコの風味が驚くほど出ます。

ざく切りにしたパセリ、あさつきを加えて火から下ろし、キノコの重量を計り、0.8%の塩をして絡める。最後にコショウを加え混ぜる。

★ コショウは長く炒めると苦みが出るので、最後のほうで加えます。

【 バルサミコソースを作る 】

バルサミコ酢を煮詰めてとろみを出し、火を止めてから塩と生クリームを加える。再び弱い中火で軽く煮立てたところに、冷たいバターを加えて泡立て器で乳化させる。

★ 詳細はP.41を参照してください。
塩と一緒に生クリームを加えてコクを出します。

【 チキンソテーを作る 】

余計な脂身や軟骨を除去した鶏もも肉の重さを計り、0.8% の塩をふり、コショウもふる。

★ 表と裏の全体にいきわたるように塩をしましょう！

【 スナップエンドウの塩茹で 】

スナップエンドウの筋を取る。1.5% の塩分の水を強火で沸騰させ、沸騰状態のまま 2 分茹でる。取り出して冷水に取り、水気を切っておく。

★ 茹でるときは地獄の釜ぐらいボコボコ沸騰に！

【 キノコのフリカッセ 】

椎茸は 3 〜 4 枚、しめじはいしづきを取ってほぐす、マッシュルームは 3 〜 4 枚、エリンギは半分から 4 分の 1 に好きに切っておく。キノコは風味が流れてしまうので、洗わないで使う。冷たいフライパンにまとめて入れて、オリーブ油をしっかり全体に絡めてから、弱火で炒める。

★ 弱火なので、キノコがしんなりするまで10〜13分は炒めます。

キノコがしんなりしたら、ニンニクのみじん切りを加えて 2 分炒める。ニンニクはアシェ、シズレ（P.31）好きな切り方を選びましょう。

★ フライパンの中央をあけて、真ん中にニンニクを入れればすぐに火が通ります。

フライパンにサラダ油と皮目を下にした鶏もも肉を入れて、弱い中火にかける。

小さな泡が出て、音がし始めるのが 100℃超え（30 秒前後が目安）、それから水分がパチパチと大きくはじけ始めたら 180℃超え、この状態になったら弱火にする。

★ **この2つの温度が火加減を見る目安です。**

キッチンペーパーでアクや臭みを取りながら、170 ～ 180℃を保つ火加減（弱火）で焼く。（10 ～ 15 分）

横から見て肉の半分強（8割くらい）の高さまで白っぽく火が通った肉を裏返す。

2、3 分加熱して全体が白っぽくなったら菜箸で肉を押してみる。表面に弾力があり菜箸を押し返すようだったら、中まで火が通っているので焼き上がり。焼き足りなく感じても、余熱でさらに熱がいき渡る。

★ **焼き始めの80～85%の重さになっているのが理想（P.17、P.130参照）**

皿に丸いセルクルを置き、中にキノコを入れる。セルクルを抜き上にチキンソテーをのせ、ソースを周囲に流す。開いたスナップエンドウを飾り、仕上げにコショウをふり完成。

低温・高温二度揚げが決め手の

鶏の唐揚げ

空気に触れさせながら二度揚げする方法はありますが、それでも失敗してしまうときがあるのはちょっとした温度の差です。高温すぎは焦げに、低温すぎは衣がベタベタになります。肉も1個、2個入れすぎただけで油の温度は急激に下がってしまいます。温度管理をしっかり守れば、いつでも完璧な唐揚げを楽しめるのです。

● **材料** 2人分

鶏もも肉 ………………… 200g
打ち粉の片栗粉 ……… 適量

[付け合わせ]

サンチェ …………………… 2枚
レモン
…. 6等分したものの2切れ
ミニトマト ……………… 2個

[つけ込み用]

塩 …………………………… 0.7g
醤油 ……………………… 小さじ2
溶き卵 …………………… 15g
片栗粉 …………………… 15g
日本酒 …………………… 8g
砂糖 ……………………… 4g
おろし生姜 ……………… 10g
おろしニンニク ………… 4g

【下味をつける】

鶏もも肉を食べやすい一口大（20～30g）に切る。

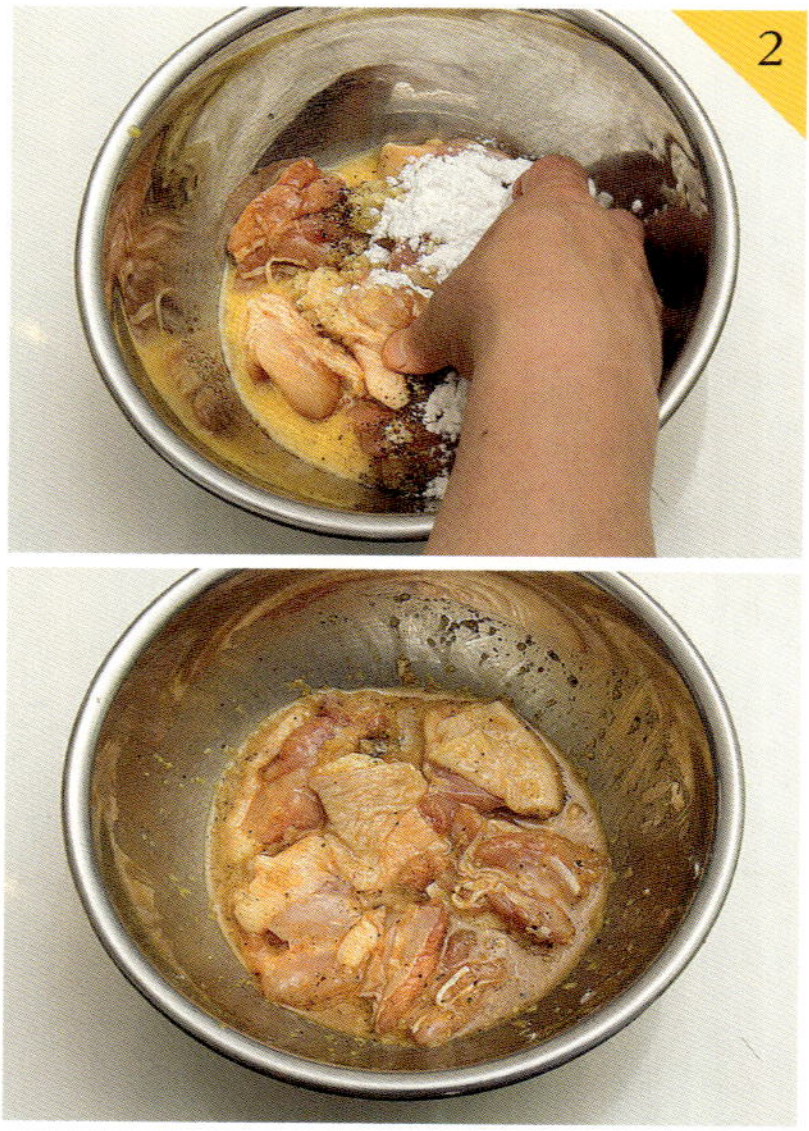

つけ込み用の塩、醤油を加えてしっかりもみ込んでから、その他のつけ込み用の材料を加えてよく混ぜ合わせ、15分おく。塩分は（鶏もも＋卵＋片栗粉＋日本酒＋砂糖＋おろし生姜＋おろしニンニクの重さ）× 90% × 1.2% ＝ 2.7g（塩 0.7g、醤油 2g）で計算する。90% は卵や酒の水分が蒸発するため。0.8% ではなく 1.2% なのは、肉に衣の液のすべてが絡むわけではないため。

★ **塩、醤油を先にもみ込むのは、この2つの味をしっかりしみ込ませたいから。**

鶏肉の表面に片栗粉を打ち、冷たいフライパンの底一面になるくらいのサラダ油（分量外）をひいて、肉を入れる。

上から鶏肉の高さのひたひた弱までサラダ油（分量外）をまわしかける。

★ **きちんと油でコーティングしないと、衣がはがれる原因になります。**

弱火～弱い中火で火にかける。3分ほどで100℃を超え、泡が出てきてから5分で裏返す。

★ 鶏肉のまわりが白くなったら返す目安です！

裏返してから3分したら、バットに鶏肉を取り出す。このときにペーパーの上に取り出してしまうと衣がはがれる原因になる。揚げ足りなく感じても、最初に揚げていたほうの面から熱が下がってきて、中心までしっかりと熱が通るので大丈夫。

油の温度を190～200℃まで上げ、充分に温度が上がったところで鶏肉を再度投入させる。

★ かなりの高温なので、油の跳ねに注意しましょう。

鶏肉を何度か油から上げたり出したりしながら、裏表で1～2分、適度な揚げ色がついたらペーパーに上げて油を切る。

★ 温度の落差をつけると油切れもよくなります。

油を絡めて弱火で炒める
シャキシャキ野菜炒め

チキンソテーと一緒に料理の新常識の定番メニュー、野菜炒めを作ってみましょう。野菜それぞれの味がしっかり感じられ、青くさくなく、とてもまろやかです。弱火でじっくり炒めることのよさが非常に実感できるレシピです。肉は香ばしさを出すために、わざと熱いフライパンで炒めました。お好みで弱火で炒めてもいいでしょう。

10分以上弱火で
炒めるので合間に
他の料理も進められますよ！

冷たいフライパンにサラダ油と豚の肉片（2cm角四方の薄切り）を1切れのせて、弱い中火にかける。肉片に焼き色がついてちょうどいい火加減になったら、肉をすべて入れて広げて焼く。赤っぽい部分がなくなったら取り出し、ペーパーに上げておく。

★ **今回は焼き色と香ばしさをつけたいので、フライパンの温度を熱くしてから（180℃）肉を焼きます。**

● 材料 2人分

豚肩ローススライス	80g
にんじん	60g
もやし	120g
キャベツ	60g
ピーマン	40g
黄ニラ	20g
キンシンサイ	20g（チンゲンサイでも可）
キクラゲ	30g
日本酒	8g
塩	（豚＋野菜）×90％×0.8％＝3.2g − 2g（醤油の分量中の塩分）＝1.2g
醤油	10cc（小さじ2）
コショウ	3回転
ごま油	10cc
サラダ油	15cc

【にんじんを湯通しする】

にんじんは厚さ3mmのたんざく切りにする。フライパンに水（分量外）を2cmほど入れて、強火で沸騰させたお湯でにんじんをさっと茹でる。1分ほど茹でてザルにあげて水を切っておく。

★ **にんじんは繊維が固いので、先に強い熱を通しておくといいです。**

もやしは根を除去し、キャベツは 4cm × 3cm 幅、ピーマンは 5cm × 1cm のたんざく切り、黄ニラは 5cm 長さ、キクラゲは 3cm × 1cm ぐらいに切っておく。冷たい状態のフライパンを用意して、野菜をすべて入れ、サラダ油を全体に絡めて弱火にかける。途中余分な油は拭き取り、上下を入れ替えるように混ぜる。7 分ほど炒める。

★ 弱火のため、むやみに触らなくても焦げることはありません。

7 分たって野菜が少し汗をかいた状態。

野菜を取り出して、豚肉と一緒に重さを計り、（豚＋野菜）× 0.9（90%）× 0.008 の塩を用意しておく。

★ ここではまだ塩は入れません！ 90%としているのは炒めたぶん、野菜の水分が抜けてしまうからです。

フライパンに豚肉と野菜を戻し、弱火で真ん中を少しあけて酒を入れ、アルコール分が飛んだら塩を全体にふる。

★ 5で計った塩をここで入れます。

２分たったら中火～強火にする。香りを出すために強火にし、醤油、コショウ、ごま油を入れて 20 ～ 30 秒混ぜる。皿に盛りつけて完成。

★ 強火にすることで、炒め香といって強火で炒めたときの風味をつけています。

冷たい油をドバドバかける
絶品トンカツ

薄力粉は薄づきベースメイク！
キメ細かさが美しい衣の秘訣

● **材料** 2人分

［トンカツ］

豚ロース	2枚（1枚100〜120g）
塩	肉の重さの0.8％
コショウ	お好みで
薄力粉	適量
溶き卵	2個分
サラダ油	小さじ4
パン粉	適量
揚げ油（サラダ油）	適量

［ソース］

赤みそ	60g
バルサミコ酢	60g
ハチミツ	20g
ごま油	2g
コショウ	4回転
水	20g

キャベツの千切り	適量

サクッ！　ジューシー！　73ページの唐揚げ同様、冷たい油でじっくり揚げたトンカツは驚くほど縮んでいないのが特徴。衣がはがれないように、薄力粉は刷毛で丁寧につけていきます。薄づきのベースメイクだと思ってください。ファンデ（パン粉）がしっかりのるようにするのが成功の秘訣です。

刷毛を使って薄力粉をたっぷりつけて、余分な粉をはたいてしっかり落とす。

★ 刷毛でポンポン叩くように！

溶き卵にサラダ油を入れてよく溶き、4 の豚肉をくぐらせて卵をきる。

★ 肉の周囲にサラダ油をまとわせておくのは、油の皮膜を作ることで、揚げているときに肉の中に油が入らない構造を作るためです。

パン粉をつけ、軽く押さえる。

【 トンカツソースを作る 】

すり鉢にみそを入れて 20 回ぐらいすり、弱火にかけて 5 分の 1 になるまで煮詰めたバルサミコ酢を加えて軽く混ぜる。

★ すり鉢ですることによってみその風味が増しています。

ハチミツ、ごま油、コショウを加えてさらにすり混ぜる。水を加えて混ぜたら、食べる直前に小鍋に移し、弱火で 3 分火を通す。

【 トンカツを揚げる 】

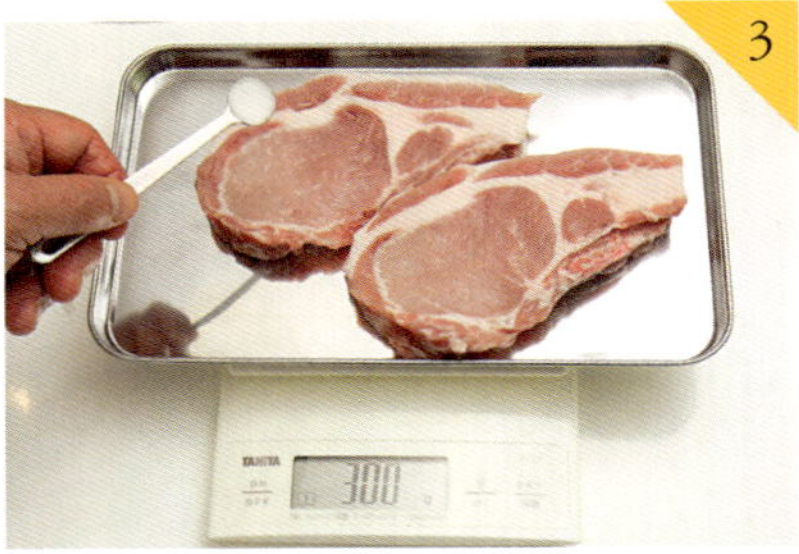

豚肉の重さの 0.8% の塩を全体にふり、コショウもふる。

★ この場合は2枚で300gだったので、300×0.008=2.4gです。

7

フライパンにサラダ油を1cmほど入れ、豚肉を入れる。衣の上からサラダ油をドバドバかけ、衣全体にサラダ油がかかっているようにして、弱い中火にかける。

8

時間をかけてじっくりと温度を上げていき、100℃を超え、周囲が白っぽくなってきたらそっと裏返す。衣がまだ定着していないのではがれる危険があるため、フライ返しや木べラを使って裏返す。

9

125～130℃になったら肉を取り出す。揚げ油は一度漉してパン粉などを取り除き、再び火にかけ、200℃まで温度を上げる。

10

豚肉を油の中にそっと戻し入れ、表面にキレイな揚げ色がつくまで40秒～1分ほど揚げる。取り出して揚げ網にのせて油を切る。皿に千切りにしたキャベツとトンカツを盛り、ソースを添える。

★ 高温のため油が跳ねる危険あり！

小麦粉を味わう
クリームシチュー

● **材料** 2人分

鶏もも肉	120g
にんじん	60g
玉ねぎ	60g
マッシュルーム	60g
かぶ	60g
塩	鶏肉の重さの0.8%
日本酒	60g
コショウ	3回転
パセリ	適量

［ホワイトソース］

無塩バター	40g
小麦粉（薄力粉）	40g
牛乳	1000g
塩	6g
コショウ	2回転
タイム	1枝

ずばり、ホワイトソースの主役は小麦粉（薄力粉）です！　ただし、小麦粉は非常に取り扱いが難しく、バターと合わせる最適な温度、5分の放置、火にかけたり離したり……、細心の注意を払いましょう。上手にできたホワイトソースは、滑らかで甘いクリームを食べているような印象になります。

再度弱火にかけて、木べらで全体をゆっくりと混ぜ続ける。フツフツと泡がでてきたら、鍋を火から外して余熱で混ぜ、泡がおさまったらまた弱火にかける、をくり返す。最終的に鍋を傾けたときにサラサラと流れるような状態、水溶き片栗粉のような状態にする。

★ **木べラで絶えず混ぜ続けていると、最初の粉のもったりとした感じから、サラッと滑らかな軽い感じに変わります。見た目にも光沢があり、甘い香りがしてきます。**

弱い中火〜中火にする。牛乳を一気に加えて、塩、コショウも加える。泡立器に持ち替え、鍋底、鍋はだに焼きつかないよう注意しながら濃度がつくまでよく混ぜる。

★ **焦げつきやすいので泡立器でしっかり混ぜます。フツフツと全体が沸騰したような状態になるまで混ぜます。**

火を止めて、タイムを入れフタをして150℃のオーブンに20分入れる。途中で1回取り出して、中をよく混ぜ、またオーブンに入れる。取り出したらタイムを除いておく。ルーは煮込むことで初めて粉のうま味が出る。オーブンがない場合は弱火でちょこちょこ混ぜながら7、8分火にかける。

【 ホワイトソースを作る 】

小鍋にバターを入れて弱火にかけ、溶け始めて70℃になったら火を止める。もしバターが溶けきっていないときは火を止めて、余熱でバターを溶かす。火を止めたまま、すぐに小麦粉を入れる。ダマがなくなり、クリーム状になるまで木ベラでよく混ぜる。そのまま5分置きなじませる。

★ **バターを室温に戻す必要はありません。泡が出ないように弱火でじっくり溶かしましょう。**

バターと小麦粉が合わさる最適な温度は70℃前後。火にかけたままだとダマの原因になるので、必ず火は止めておきます。

5分おくことによって、小麦粉のグルテンが粘り気を出す特性を発揮する準備が整います。

【 クリームシチューを作る 】

にんじんは2cmの乱切りにして、沸騰した湯で5分茹でる。玉ねぎは1cm幅のスライス、マッシュルームは半割か4つ割り、かぶは1個を6等分か8等分の櫛形に切り皮をむく。鍋ににんじん、玉ねぎ、マッシュルーム、かぶを加えて、サラダ油（分量外）を絡めて弱火にかける。10分ほどかけてじっくり炒める。

鶏肉は2cmくらいの一口大に切り、重さの0.8%の塩をふる。フライパンにサラダ油（分量外）をひき、鶏の皮目を下にして並べて弱い中火にかける。水分がパチパチと弾き始めたら弱火にし、焼き色がつくまで焼く。最初に出る水分や油はペーパーで取り、余分な臭みや油がないようにする。工程5と6は同時進行で進めるようにしましょう。

★ **水分がパチパチと弾き始めたら弱火にし、焼き色がつくまで焼きます。**

鶏肉の半分の高さまで白っぽく色が変わったら、裏返して1、2分焼き、そのまま食べられる状態まで焼く。全体が焼けたら、日本酒を加えて、煮汁が1/4になるまで煮詰める。

5の野菜の鍋に、7の鶏肉を加えて、さらにホワイトソースを加える。弱火でフツフツとしてから5分煮る。

さらに2分、フタをして5分蒸らす。器にシチューを盛り、刻んだパセリをふって完成。

バターの泡が踊る 極上ムニエル

ムニエルというと、バター風味の焼き魚、ぐらいに思っていませんか？　本来のムニエルは大量のバターの中でゆっくりと加熱してふっくらとやわらかく仕上げる調理方法のことをいいます。バターはさらさらとおいしいスープ状になります。今回は香草レモンソースと合わせたので、思わず全部飲んでしまいたくなるほどのさわやかさです。

● **材料** 2人分

[白身魚のムニエル]

白身魚の切り身 … 2切れ（1切れ100〜120g）
塩 …… 魚の重さの0.8%
コショウ …… 3回転
薄力粉 …… 適量
無塩バター …… 60g
予備のバター …… 20g

[香草レモンソース]

ミニトマト … 8個（80g）
そら豆 …… 16粒（60g）
レモン汁 … 小さじ2（10g）
レモンのカルティエ … 2房
※カルティエとは櫛形に切ったもののことです。
パセリ …… 4g
バジル …… 4g
ケイパー …… 14g
塩 …… 1.2g
コショウ …… 3回転

[付け合わせ]

レモン …… 8つ切りを2個

まるでバターのスープ！
本当のムニエルはこれ

【ムニエルを作る】

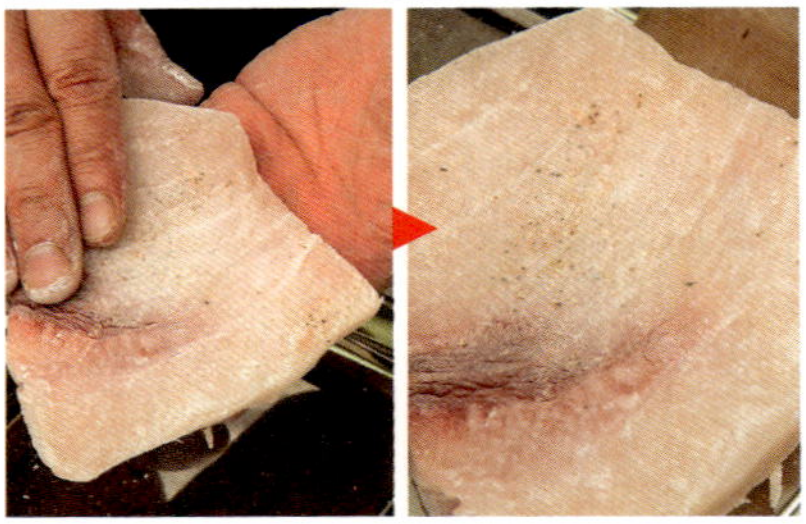

魚の皮があるときは取り除いておく。魚の重さを計り、0.8%の塩を全体にし、コショウをする。その後、薄力粉を表面につけて、地が透けるぐらいしっかりとはたいて余分な粉を落としておく。

★ ムニエルは150℃前後で調理するので、皮がパリッとするまでの温度にはなりません。臭みが出る場合もあるので皮は取り除いておくのがよいでしょう。

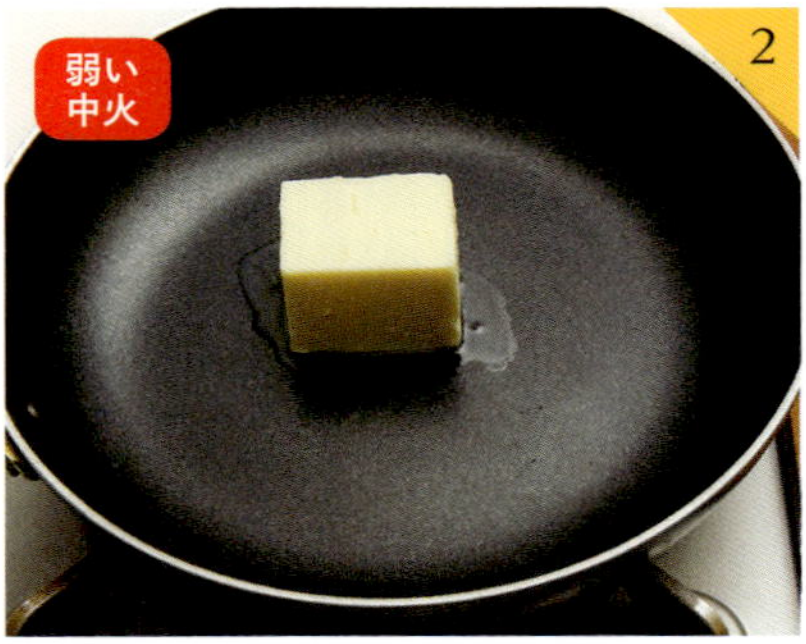

フライパンにバターを入れて、弱い中火にかける。

★ 40～50秒くらいで泡が出始めるくらいの火加減です。

バターが溶けて、泡がところどころ大きくなり軽くピチピチと弾けるような状態になったら魚を入れる。

温度が上がって細かい泡が増えてきたら、大きめのスプーンやお玉でバターの液をしっかりすくって高いところから流し落とすようにして温度上昇を抑える。魚に火が通るまで何度もくり返す。

★ ムニエルは細かいムース状の泡(ビールのような)の中で、魚を泳がせている状態を保つことが重要。高いところから液を落として温度上昇を抑える手法をアロゼといいます。

バターは魚にかけるのではなく、たっぷりすくってバターの上に落とします。

バターが少なくなり、バターに色がつきそうになったときは、バターを10gほど加えて温度が上がるのを防ぎます。

魚の周囲が7割から8割の高さまで白っぽく火が通ったらそっと裏返す。裏返したら約30秒〜1分で火が通る。この段階でバターの泡が全体的にうっすら色づいてきている状態。

【香草レモンソースを作る】

沸騰した湯で1分茹でて冷水に取り、皮をむいたそら豆と、半分に切ったトマトを加える。バターの温度が下がり、泡が消え、サラッとしたソースになる。

魚をバットの上に取り出す。

中火にしてソースを軽く熱し、具となじませる。

火を止めて、絞ったレモン汁、カルティエを2mm角に切ったレモン、みじん切りにしたパセリ、千切りにしたバジル、ケイパー、塩を加えて混ぜる。皿に魚を盛りつけ、ソースをかけてコショウをふる。

失敗も爆発もなしの
カニクリームコロッケ

82ページのクリームシチューと同じく、ホワイトソースを使ったクリームコロッケです。ただ、シチューとコロッケのホワイトソースの質感はまるで異なります。シチューはさらさらとしたソースを作りましたが、今度はもったりとした状態にします。成形でグチャグチャと失敗したり、揚げている途中で爆発したり、という失敗も起こりません。

切ってそのまま
揚げられる切り餅形！

【ホワイトソースを作る】

バターと小麦粉を混ぜて滑らかなクリーム状にして放置した状態（P.83「クリームシチュー」の工程１参照）を中火にかけ、牛乳を少しずつ加えながら泡立て器でよく混ぜる。牛乳を加え終わったら塩、コショウ、タイムの葉もちぎって入れる。少しとろみがつき、手に抵抗を感じたら火から外し、しっかりとしたとろみになるまでよく混ぜる。

★ **均一なクリーム状になるまで混ぜましょう！**

ゴムベラに持ち替えて再び中火にかける。しっかりと練り混ぜ、軽くポコポコしてくる状態まで加熱しながらよく混ぜる。火を止めて卵黄と生クリームを加えてよく混ぜる。

★ **卵黄には固める作用があります。**

● 材料 2人分

[具]

玉ねぎ ………… 20g
マッシュルーム ………… 20g
日本酒 ………… 20g
カニのほぐし身 ………… 40g
コーン ………… 50g
塩 ………… 玉ねぎとマッシュルームを炒めた後の重さの0.8%
コショウ ………… 2回転
ディル ………… 2枝

[ホワイトソース]

無塩バター ………… 30g
小麦粉（薄力粉） ………… 40g
牛乳 ………… 230g
塩 ………… 2g
コショウ ………… 2回転
タイム ………… 1枝
生クリーム ………… 10g
卵黄 ………… 20g

[衣]

薄力粉（打ち粉） ………… 適量
卵 ………… 60g（1個）
パン粉 ………… 適量
サラダ油 ………… 小さじ1
揚げ油（サラダ油） ………… 適量

[ほうれん草のソース]

玉ねぎ ………… 30g
日本酒 ………… 20g
ほうれん草 ………… 40g
水 ………… 30g
塩 ………… 加熱後の重さの0.8%
無塩バター ………… 10g

[付け合わせ]

ミニトマト
レモン（櫛形）

バットや型にペーパーを使って薄くサラダ油を塗っておく。オーブンから出した生地をバットの中に入れ冷蔵庫でしっかり冷ます。冷めたら食べやすい大きさにまとめて成形しておく。

【 生地を揚げる 】

パン粉は粗い目のザルに入れて、麺棒で叩きながら濾して細かくしておく。食感が軽くなりカロリーも抑えられる。

生地の表面に打ち粉をする。溶き卵にサラダ油を加えて、よく混ぜたものの中をくぐらせる。パン粉をつける。(P.80 も参照)

★ **フライ返しを使って卵にくぐらせると生地が崩れず、うまくできます。**

【 具を作り、生地にする 】

鍋に粗いみじん切りにした玉ねぎとマッシュルーム、コーンを入れサラダ油（分量外）を絡めて弱火にかける。10 分ほど炒めたら日本酒を加えて、アルコールを飛ばして、水分が流れてこなくなるまで煮詰める。

重さを計り、0.8%の塩とコショウをする。2 のホワイトソースに 3 の具、カニのほぐし身、刻んだディルを入れてよく混ぜてならす。フタをして 130℃のオーブンに 15 分入れる。

★ **カニの身の塩分が強いときは塩はふらなくても構いません。**

オーブンに入れるのはホワイトソースと具をなじませ、粉にしっかり火を入れるためです。

【ほうれん草のソースを作る】

玉ねぎはみじん切り、ほうれん草は根元を除去して1cm幅の小口切りにする。鍋に玉ねぎとバターを入れて弱火にかけ3分ほど炒め、ほうれん草を入れて全体がしんなりとするまで炒める。日本酒を加えてアルコールを飛ばして軽く煮詰める。

9に水を加えて、全体の重さを計り、0.8%の塩をして充分にミキサーにかける。皿にソースを流し、上にコロッケを置く。櫛形に切ったレモン、半分に切ったミニトマトを添えて完成。

フライパンにサラダ油をコロッケの高さまで入れる。中火にかけ130℃まで温度を上げる。1分おきぐらいにソーッと反転させながら4～5分色よく揚げる。揚がったら、ペーパーか網にのせて油を切る。

★ **中の生地は4ですでに火が通っています。揚げるのは衣をつけて色づけするため。**

魚介のダシがすごい
シーフードカレー

カレーは料理教室でも人気メニュー。いくつあるんだろう、というぐらい種類も豊富です。中に入れる具材のダシによって味も深みも変化するのが面白いところ。今回は魚介のダシをたっぷり使います。具材の種類によって焼き方、茹で方をしっかり分けてあげるといいでしょう。少し手間はかかりますが、それがおいしさの違いです。

● **材料** 2人分

有頭エビ……大4～中6尾
アサリ（殻つき）……150g
ホタテ……6個（20g）
イカ（むき身）……40g
ムール貝……4ヶ
日本酒……100g

［ダシ用］

玉ねぎ……20g
にんじん……10g
水……100g
ディル……1枝
コリアンダー……5粒

［煮込み用］

玉ねぎ……80g
ニンニク……5g
薄力粉……2g
トマト……100g
ガラムマサラ……3g
カレー粉……6g
コリアンダーパウダー……2g
日本酒……50g
バジル、ディル……各1枝
塩……1.6g
塩……エビ、イカ、ホタテの重さの0.8%
生クリーム……20g

［バターライス］

玉ねぎ……30g
無塩バター……20g
米……150g
日本酒……50g
水……100g～130g
塩……2.4g
タイム……1枝
パセリ（飾り用）……適量　みじん切り

全く縮まない魚貝！
火の入れ方が
ポイントですよ

【カレールーを作る】

エビの頭を外し、腹部の殻と一緒にフライパンに入れ多めのサラダ油（分量外）を絡めて弱火にかける。頭をつぶしながら、余分な水分を飛ばし、殻が透き通ってくるまで炒める。しっかり水分を飛ばして生臭さをなくす。じっくり火を通してうま味を充分に出す。

★ **油が少ないと焦げるので少し多めがよいでしょう。**

鍋に日本酒、砂抜きをしたアサリとムール貝を入れ、落としブタをして弱火にかけ、口が開いたら、貝は取り出しておく。

★ **ここで中火〜強火で煮ると身が縮む原因に！　じっくりと弱火で温めてあげることで、貝もゆっくりと口を開いてくれ、身も縮まずふっくらとしたままです。**

4のエビのフライパンに、5の茹で汁とダシ用の玉ねぎとにんじん（3mm幅のスライスにしておく）、水、ディル、コリアンダーを入れ15分弱火で煮る。

【バターライスを作る】

鍋に粗いみじん切りにした玉ねぎとバターを入れて弱火にかけ、3〜4分炒めたら、洗わないままの米を加える。米の表面をバターでコーティングするようによく混ぜて、表面がつやつやの状態にする。

★ **玉ねぎの水分と一緒に炒めることでバターが焦げにくくなります。**

米の表面が透き通ってきたら、日本酒と水、塩を加え、強火にして沸騰させる。すぐに火を止めてタイムをのせフタをして、180℃のオーブンで17分加熱する。

オーブンから出したら、タイムを取り除き、ざっくり混ぜて5分ほど蒸らす。

煮込み用の玉ねぎ、ニンニクのみじん切りを入れサラダ油（分量外）を絡めて弱火で5～7分炒める。火を止め、薄力粉を加えてよく混ぜて3分置く。

★ **この3分で薄力粉のグルテンのとろみをつけます。**

3分たったら、ガラムマサラ、カレー粉、コリアンダーパウダーを加えて、軽く香りが出る程度、5秒ほど炒める。日本酒を加えて中火でアルコールを飛ばす。炒めることで辛みが出てくるので、辛みを出したくない場合は炒めなくてもよい。

角切りにしたトマトを加えて、さらに6のダシを漉しながら加え、バジル、ディル、塩を入れて弱火で10分煮る。

フライパンを温めてから背わたを取ったむき身のエビと1cm幅に切ったイカ、ホタテに重さの0.8%の塩をする。ホタテは先に塩をすると水分が出てしまうので、フライパンを温めてから塩をする。

フライパンにホタテの欠片をのせて弱い中火～弱火にかける。欠片に香ばしい色がつく火加減になったら、ホタテを入れて焼く。色が半分変わったら、フライパンの空いているところに少量のサラダ油（分量外）をひき、イカ、エビを入れて焼く。イカは全体に白っぽくなり、エビは全体がオレンジ色に変わったら取り出す。ホタテは両面を焼いて半透明な部分がなくなったら取り出す。

9からハーブを取り出し5と11の具を全部入れ、煮込む前に塩分の調整をしてから5分煮込む。最後の1分で生クリームを入れ静かに煮る。バターライスを皿に盛り、カレーをかけパセリをあしらい完成。

PART 4

料理の新常識 おもてなしの料理編

今度は少し特別なレシピを紹介します。
アクアパッツァやキッシュも
だいぶおなじみの料理になりましたが、
ここでは本場に近いものを紹介しています。
豪華な料理も調味料はいたってシンプル、
素材の味を引き出しましょう。

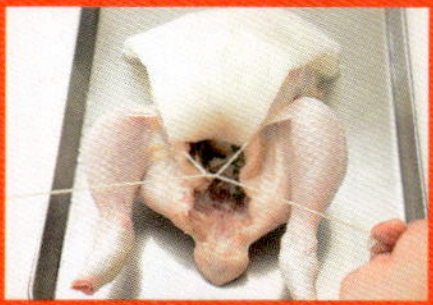

水がはじける アクアパッツァ

強火で一気に
水と油を乳化!!
勝負はあっという間です

● **材料** 3〜4人分

メバルなど	1尾（1尾200〜250g）
塩	魚の重さの0.8%
ミニトマト	9個（50g）
塩	ミニトマトの重さの0.7%
アサリ	6個（100g）
水	50〜60g（前半30g、後半20〜30g）
種抜きオリーブ	6個（15g）
ケイパー	5g
パセリ	2g
バジル	2g
ピュアオリーブ油	20g（焼き油とは別）
エキストラヴァージンオイル	10g
レモン	櫛形6つ切りの1個

水と油を強火で一気に熱して、水が暴れるようにはじけながら蒸発していくのは迫力満点。それがアクア（水）パッツァ（暴れる）の名前の由来ともいわれています。煮込み料理ですが、スープはつゆだくにならないように仕上げるのが大事です。イタリア料理らしく、トマト、水、油で煮込みます。

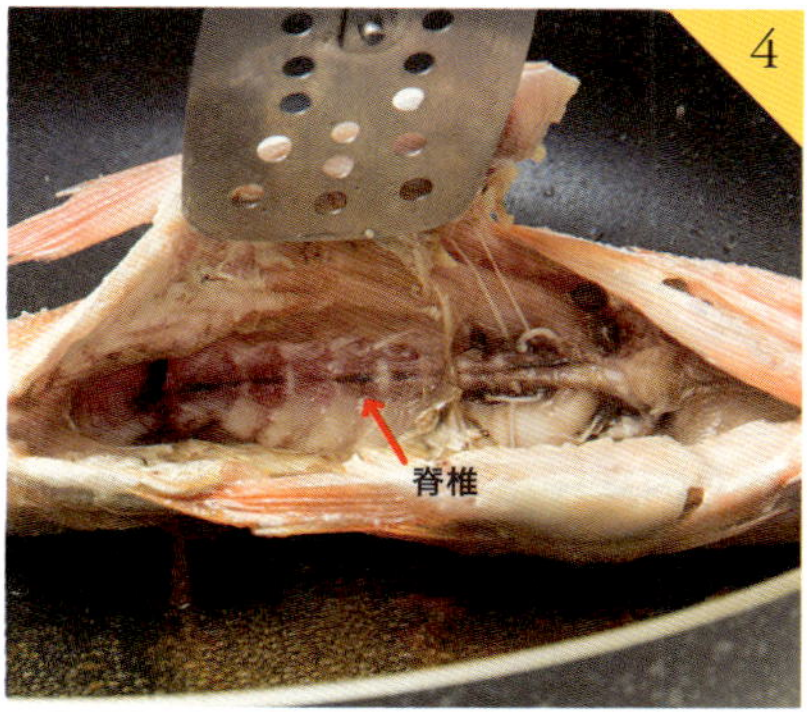

ときどき腹部をめくり、脊柱の部分まで白っぽくなるまで焼く。フライパンの余分な油はアクや臭みなのでキッチンペーパーで取る。

脊柱が白っぽくなったら、裏返して弱火で引き続きじっくり焼く。身が崩れやすいので、いじりすぎないようにする。腹部、表面がこんがりと焼けたら、いったんフライ返しや木ベラを使って魚を取り出す。

【トマトを焼く】

ミニトマトは縦半分に切り、切り口に重さの0.7%の塩（水分が抜けるため0.7%）をふる。140℃のオーブンで30分加熱する。

【魚を焼く】

魚はウロコを落とし、開腹してエラと内臓を取り、水で洗って充分に水気を取っておく。魚の重量の0.8%の塩を表面全体にする。

★ **今回はメバルを使用しましたが、キンキ、イサキなどの白身魚であればOKです。**

フライパンにサラダ油（分量外）をひき、魚をのせる。盛りつけたときに表になる面から弱い中火〜弱火で焼き始める。

キッチンペーパーでフライパンの余分な油を取り、アサリと前半の水 30g とピュアオリーブ油を加えて、アルミホイルで落としブタをして弱い中火にかける。

★ 加熱するときは二番搾りのピュアオリーブ油（一般にオリーブ油といわれるもの）を使うといいでしょう。

アサリの口が開いたらアルミホイルを取り、魚とトマトを加えて強火にする。大きなスプーンなどで、煮汁を魚にかけながら水分を蒸発させる。

★ ここから強火で一気に進めます。

水分が蒸発し、オイルが白っぽくなりフツフツと煮立ちパチパチと音がしてきたら、後半の水とエキストラヴァージンオイルを加える。強火で煮立てたまま魚に煮汁とオイルをかけてさらに 30 秒加熱する。

★ パチパチと音がしたら水とオイルを入れる目安です。

ワーッと煮立っているのがすごく重要です！

生のサラダにかけたり、仕上げをするときに一番搾りのエキストラヴァージンオイルを使うといいでしょう。

水分がなくなってきたら、オリーブ、ケイパーを加え、最後にパセリ、バジルを加えて 20 秒加熱する。フライパンから器に一気に盛りつけ、レモンを添えて完成。

★ アツアツのうちに食べるのがおすすめです！

生地から作る キッシュロレーヌ

ロレーヌとは、キッシュが生まれたフランスのロレーヌ地方のこと。本来のキッシュはベーコンと玉ねぎとグリュイエルチーズが入ったシンプルなもの。ただ高さがありボリュームもたっぷりです。冷凍パイシートなど使ってもいいのですが、タルト生地もベーコンも手作りしてみるのもまた格別です。

ザルで2度漉して
なめらかな液にする

● **材料** 4〜6人分

[パートブリゼ(タルト生地)]

薄力粉 …… 75g
塩 …… 1g
無塩バター …… 52g
卵黄 …… 15g
冷水 …… 10g

[ベーコン(自家製豚の薫製)]

豚肩ロース(トンカツ用で可) … 60〜70g
塩 …… 0.9g(肉の重さの1.5%)
グラニュー糖 …… 1g
桜チップ …… ひとつかみ
グラニュー糖 …… 10g

[アパレイユ(卵液)]

全卵 …… 58〜60g
牛乳 …… 50g
生クリーム …… 100g
塩 …… 1.4g
ナツメグ …… 1cc

[玉ねぎソテー]

玉ねぎ …… 100g
塩 …… 炒めた重さの0.8%
グリュイエルチーズ …… 40g
(なければ溶けるチーズでも可)

【 パートブリゼを作る 】

2

6

1. ボウルに薄力粉、塩を入れて泡立て器でよく混ぜる。2. 小さく切ったバターを加えてスケッパーなどでバターを小さく刻みながら粉とバターをなじませ、うっすら黄色みがかかったパン粉のようにする。バターが溶けないように注意し、ザクポロの状態にする。3. ボウルにラップをして5〜10分冷蔵庫で休ませる。4. 卵黄に水を加えてよく溶く。5. 休ませた生地に 4 を全体に散らすように加え、大きな固まりができないようにしながら、粉に水分を含ませ、全体を合わせるようにしてまとめる。6.20cm 四方のクッキングシートで生地を挟み、タルト型よりも大きめのサイズに麺棒で伸ばし、3mm くらいの厚さに広げていく。

8

12

7. 途中で生地がやわらかくなったときは、冷蔵庫や冷凍庫で3〜5分休ませる。8. クッキングシートを外して、タルト型に型詰めする。9. 冷凍庫か冷蔵庫で 10〜20 分休ませる。10. 休ませた生地を取り出し、クッキングシートを底に敷く。上からアルミホイルで生地をおおっておく。11. タルトストーン（重し）を入れて、オーブンを 200℃で予熱する。12. 生地の上のアルミホイルの中に熱しておいたタルトストーンを入れて、200℃で 15 分焼く。13. 生地の縁がうっすらと色づいたらいったんオーブンから取り出し、タルトストーンを取りアルミホイルをそっと外す。生地が生っぽいときは、タルトストーンをし直して5分ほど焼く。 14. 卵黄（分量外）を水で溶いたもの（ドリュ）を刷毛で生地の表面にしっかり丁寧にのせていく。15. オーブンの温度を 170℃に下げて、生地全体が色づくまで10〜15分焼く。16.取り出して少し冷ます。

16

【仕上げ焼きをする】

8mm～1cmくらいの角切りにしたグリュイエールチーズ、玉ねぎ、ベーコンを混ぜ合わせる。

下焼きした型にアパレイユを少し流し込み、具材を入れる。残りのアパレイユを具材の上に流し入れる。アパレイユは無理に全部入れないようにする。

少し時間がたつと液が下がってくる。焼き始めて5分ほどしたら残った液を流し込む。アパレイユがかかっていない具材が表面に出ていないようにする。150～160℃に設定したオーブンに入れて30～35分焼く。

★ **焼き上がりは表面が少し盛り上がるような感じで、うっすらと色づいていればいいです。**

【ベーコンを作る】

1. 豚肉の重さを計り、重さの1.5%くらいの塩とグラニュー糖を全体にまぶして、サラダ油（分量外）をまぶしておく。2. フライパンに薫製のセットを作る。（アルミホイルを底に敷く→グラニュー糖、その上に桜チップをのせる。→網をのせる）3. 豚肉を網の上にのせて、フライパンを強火にかけて、煙が出始めたら、サイズの合うボウルをかぶせる。隙間から煙が出てきたら火を弱める。隙間から煙が漏れるくらいの火加減で7分ほど薫製にかける。4. 火を止めて、そのまま5分おく。5. 豚肉を取り出して、サイコロ大に切る。

【玉ねぎソテーを作る】

玉ねぎを5～7mmのスライスにして、サラダ油（分量外）を絡めてフライパンに入れ、5分ほど炒める。炒めた後に重さの0.8%の塩をする。

【アパレイユを作る】

よくコシを切った卵液に牛乳、生クリームを加えてよく混ぜる。塩とナツメグを加えてさらに混ぜる。ザルで2度漉してなめらかな液にする。

手作りパスタの
ナスとひき肉のラザーニャ

パスタ生地も手作りです！　パスタマシーンがなくても問答無用の5分間の圧力を加えれば、コシのあるおいしいパスタができあがります！　ひき肉は臭みやアクが感じられることが多いでしょう。オイルクレンジングをすれば、臭みのないジューシーなひき肉になります。これはひき肉を使うときはいつでも応用できますので試してみてください。

ひき肉の臭みは
オイルクリーニングを！

【パスタ生地を作る】

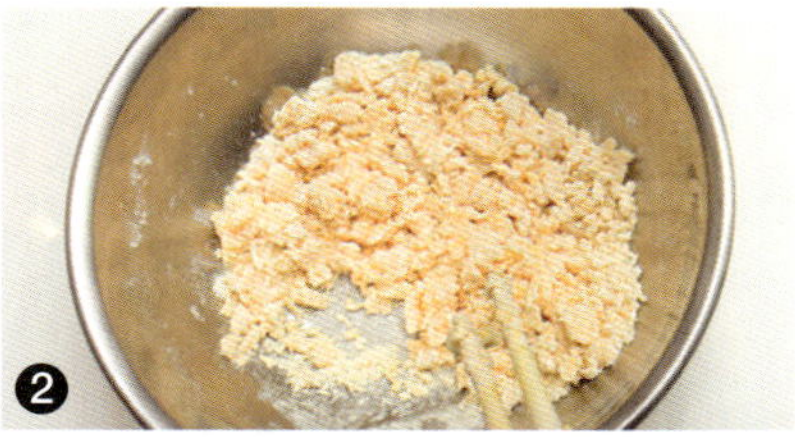
❷

❸

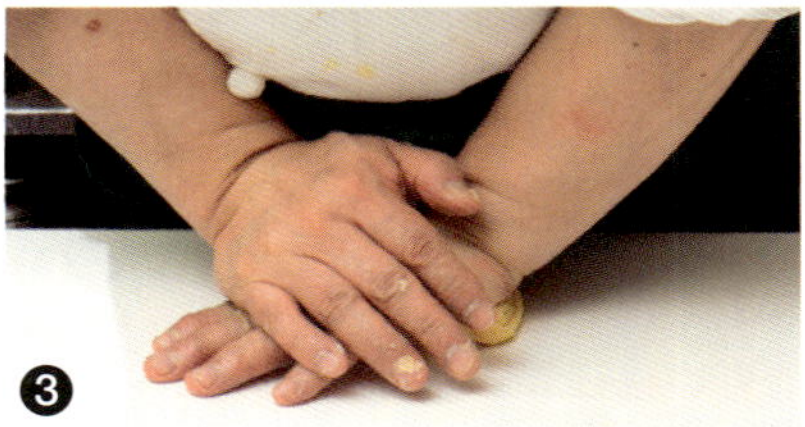
❸

❺

1. ボウルに強力粉とセモリナ粉を入れ、塩を加えて菜箸で混ぜる。2. オリーブ油と溶き卵を 1 に混ぜて、菜箸で全体に軽く水分をなじませる。グルグルと混ぜると大きな塊ができてしまうので注意する。均一な炒り卵のような状態にする。3. 水分がいき渡ったらひとまとめにして、台にのせて手でしっかりと練る。コシを出すために上からグーッと体重をかけて圧力を加える。5分程かけて練る。4. なめらかでキレイな生地ができたら、ラップをして室温で 30 分休ませる。5. 休ませた生地を 4 等分して麺棒で薄く伸ばす。茹でると膨らむため、1 mm くらいの薄さにする。6.30～40 分そのまま自然に乾燥させる。

● 材料 2人分

[パスタ生地]

強力粉	35g
デュラムセモリナ粉	20g
塩	0.4g
オリーブ油	2g
全卵	26～28g

[ボロネーゼソース(ミートソース)]

合びき肉	140g
ニンニク	6g
バルサミコ酢	30g
赤ワイン	20g
玉ねぎ	40g
にんじん	40g
マッシュルーム	40g
薄力粉	3g
日本酒	50g
トマト	150g
塩	2.8g
コショウ	4回転
ナツメグ	1cc
ローリエ	1枚

[ナス]

ナス	2本(125g)
塩	炒めた重さの0.8%

[ホワイトソース]

無塩バター	20g
小麦粉(薄力粉)	20g
牛乳	300g
塩	2g
タイム	1枝
コショウ	3回転
チーズ	適量
パセリ	適量
ローリエ	2枚

フライパンに肉を戻して、弱火にかける。全体がポロポロになるくらいまで弱火のまま3分炒める。最後にフライパンの真ん中をあけ、みじん切りにしたニンニクを入れ炒める。余分な油はキッチンペーパーで取る。

小鍋にバルサミコ酢を入れて弱火にかけ、4分の1くらいまで煮詰める。(P.41参照) 煮詰まったところに赤ワインを加えて、中火で1分ほどアルコールを飛ばす。ひき肉のフライパンにバルサミコ酢を加えて水分が流れてこない状態まで煮詰める。

粗いみじん切りにした玉ねぎ、にんじん、マッシュルームを別の鍋に入れて、油を絡めて弱火にする。15分ほどかけてじっくり炒める。火を止めたら薄力粉を加えてしっかり混ぜてなじませ3分おく。

★ 薄力粉はとろみづけの役割があります。

【ホワイトソースを作る】

P.83の1〜3を参照する。その後で140℃のオーブンに入れ20分加熱する。オーブンから取り出したら一度よく混ぜておく。

【ナスを炒める】

1cm幅くらいの棒状に切ったナスをフライパンに入れ、サラダ油(分量外)を絡めて弱火にかける。しんなりするまで4〜5分炒める。炒めた後の重さを計り、重さの0.8%の塩をする。

【ボロネーゼソースを作る】

冷たいフライパンにひき肉を入れ、ヒタヒタ弱のサラダ油(分量外)を入れてよく混ぜてから弱火にかける。油が白っぽく濁り、少しシャバシャバになってきたら火を止める。ザルで油と水分を切る。必要であれば2度繰り返す。

★ オイルクレンジングをして、ひき肉のアクと臭みを取ります。

再び弱火にかけて1分炒め、日本酒を加えて中火で2分ほどアルコール分を飛ばす。角切りにしたトマトを加えて、煮崩れて煮詰まるまで10分ほど煮る。

7の鍋に5を入れて、塩、コショウ、ナツメグ、ローリエを入れて水分がほとんどなくなるくらいまで弱い中火で煮る。

【パスタを茹でる】

1.5%濃度の塩分の湯（分量外）を沸騰させ、パスタがくっつかないようにオリーブ油大さじ1（分量外）を加える。沸騰した中で4分茹で、水分をきる。

【材料を組み合わせて仕上げる】

器にパスタ、ボロネーゼソース、ナス、ホワイトソース、チーズ、をくり返して重ね、最後の上面にはボロネーゼソースとチーズをのせる。

材料が温かいときは、上に軽く焼き色がつくよう、オーブントースター等で3～5分焼く。材料が冷めているときは、160℃くらいのオーブンで15分加熱する。型から外して皿に盛り、刻んだパセリをふり、ローリエを飾って完成。

ひき肉を混ぜて作る

ホタテとキノコの温かいテリーヌ

日本でもすっかり定着したテリーヌ。テリーヌ型を使って、お家でも気軽に作ることができます。今回はホタテとキノコの温かいテリーヌです。ホタテ生地は冷やしながらテリーヌ独特のムース系の生地を作りましょう。リンゴのコンポートとクリームチーズのソースがさわやかな酸味で、ついつい食べすぎてしまいます。

【ホタテ生地を作る】

ホタテを1cmくらいの角切りにした後、ひき肉と合わせて塩をしてすり鉢でつぶすように叩いて粘り気を出す。

★ **粘り気は塩分と圧力を加えることによって出ます。**

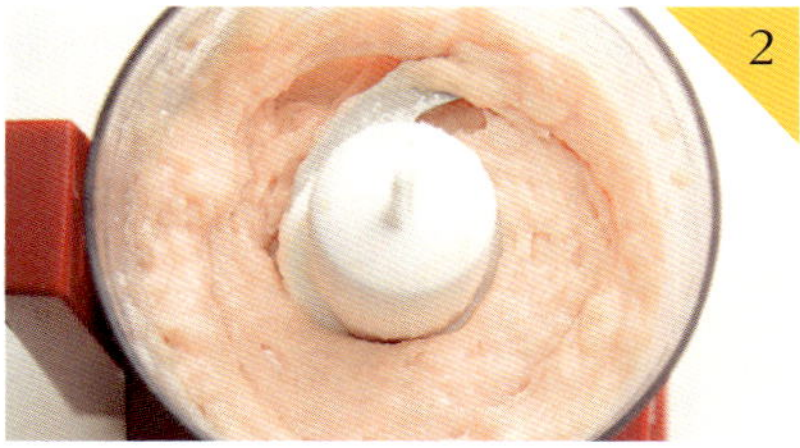

1をフードプロセッサーに入れ、細かくなめらかになるまでまわす。さらに卵白を加えて30秒ほどまわしてなじませる。生地をボウルに取り出して、いったん冷蔵庫で10分ほど冷やす。

★ **卵白は生地を固める接着剤の役割になります。**

ムース系は、生クリームを入れるときに冷たい事が重要なので、生地を冷やします。

冷やした生地に砂糖、カイエンヌペッパーを加えて混ぜてから、生クリームを3回に分けて加える。ゴムベラで空気を含ませるようにパタパタと混ぜ、生地が垂れない状態になったら冷蔵庫で10分ほど休ませる。

● 材料 2人分

高さ6×幅6×奥行き9(cm)の
テリーヌ型1個分

[ホタテ生地]

ホタテ……120g
鶏ひき肉……50g
卵白……30g
生クリーム……40g
塩……2.4g
カイエンヌペッパー……2ふり
砂糖……1g
オリーブ油……適量

[キノコ生地]

しめじ……20g
えのき……20g
マッシュルーム……20g
玉ねぎ……20g
サラダ油……10g
日本酒……40g
塩……炒めて酒を煮詰めた重さの1%
コショウ……3回転
卵黄……10g
ホタテ生地から……50g

[ホタテ]

ホタテ……50g
塩……下茹で後の重さの0.8%

[リンゴとクリームチーズのソース]

リンゴ……120g
シードル……60g
コリアンダーパウダー……1cc
（シナモン、ナツメグでも可）
塩……煮詰めた後の重さの0.6%
サワークリーム……20g
牛乳……20g
塩……0.4g

[盛りつけ]

サラダほうれん草

【ホタテの下処理】

ホタテが浸かる程度の0.8%の塩水（分量外）を用意してホタテを入れて弱火にかける。45℃になったらフタをして5分おく。キッチンペーパーで水気をきり、重さの0.8%の塩をして冷やす。

【テリーヌの組み立て】

写真のように型のサイズにアルミホイルを折り型に沿って入れ、内側にオリーブ油を塗る。ホイルの左右は長く伸ばして外に出しておく。ホイルを引っ張り、スルッと型から外すことができる。

下からホタテの生地、キノコ生地、その中心にホタテを埋め込みホタテ生地で覆う。ゴムベラを水に少し濡らしておくとくっつきにくくなる。

★ 少し上から型を作業台に落として、空気を抜きながら型に詰めましょう！

【キノコ生地を作る】

キノコと玉ねぎは粗いみじん切りにする。鍋に入れサラダ油をまわしかけ、色づかないよう弱火で10分ほど炒める。充分にキノコが炒まったら日本酒を加えて強火で半量に煮詰める。重さを計り1%の塩と、コショウを3回転してミキサーにかけ、ペーストにする。

冷たく冷やして卵黄と合わせ、3のホタテ生地から50gを混ぜ込んでおく。

アルミホイルでフタをする。75℃に温めた湯を型の8割の高さになる程度まで張り、120℃に予熱したオーブンで60分加熱する。

【ソースを作る】

リンゴは皮をむき1cmの角切りにする。フライパンに入れて弱い中火にかけ、軽く色づくまで炒め焼く。シードルを加えて、ほとんどの水分がなくなるまで煮詰め、コリアンダーパウダーを加えてコンポート(煮たもの)を作る。

重さを計り、1%の塩をしてミキサーにかける。ペースト状になったら取り出して冷ましておく。

ボウルにサワークリーム(またはクリームチーズ)を入れて、泡立器でよく混ぜ、牛乳と塩を加えて、さらによく混ぜ、なめらかなソース状にする。

テリーヌは取り出す前に形が崩れないよう型の中で切る。両脇からアルミホイルを持ち上げて取り出し、皿にのせる。クリームソース、11とサラダほうれん草を添え、コショウ(分量外)をふって完成。

完璧なミディアムレアの
牛フィレ肉ステーキ

密閉して煮るように
火を通す。これが家で作る
ステーキのベスト！

いろいろと焼き方があるのですが、今回は真空状態で火を入れていく方法を紹介します。縮まず、アクもしっかり出るので、一口食べたときの肉のボリュームとやわらかさは悶絶ものです。じゃがいものピューレ（マッシュポテト）も生クリームは使わずに大量のバターで仕上げた、濃厚で贅沢な逸品です。

● **材料**

［ステーキ］

牛フィレ肉 …… 2枚（1枚100g前後）
塩 …… 肉の重さの0.8%
コショウ …… 3回転

［マスタードソース］

ポートワイン …… 30g
生クリーム …… 10g
粒マスタード …… 10g
練りマスタード …… 3g
ハチミツ …… 1g
塩 …… 0.2g

［じゃがいものピューレ］

じゃがいも …… 150g
サラダ油 …… 小さじ1
牛乳 … 裏ごししたじゃがいもの2分の1
無塩バター … 裏ごししたじゃがいもの4分の1
塩 …… （裏ごししたじゃがいも+牛乳+バター）×90%×0.8%

［アスパラのソテー］

アスパラ …… 30g
無塩バター …… 5g
塩 …… 茹で上がり後の重さの0.7%

【ステーキを焼く】

牛肉を密閉袋に入れて、口をほんの少しあけたまま、水を張ったボウルに入れ空気を抜いていく。水圧で真空状態になったら口を完全に閉じる。

鍋に水（分量外）を入れ熱が肉に直接伝わらないように底にキッチンペーパーを敷き、牛肉を入れ弱火にかける。

肉が浮かないように落としブタをして、温度をじっくりと上げ、55℃になったら肉をひっくり返す。火を止めフタをして 15 分おく。

★ アクを出すには＋10℃までをいかにゆっくり火を入れるのかが大事なポイントです。

【じゃがいものピューレを作る】

じゃがいもの表面にサラダ油をまぶし、アルミホイルに包み 170 ～ 180℃のオーブンに 40 分入れる。

★ じゃがいものピューレは水っぽさが一番のNG。オーブンで焼くことで水っぽさがなく、じゃがいものうま味と香りを引き出せます。

取り出して皮をむき、裏ごしして重さを計る。真下に落とすようにすると、目詰まりしない。鍋に移し、中火にかけて木ベラで混ぜながらさらに水分を飛ばす。

別の鍋にバターと牛乳を入れ中火にかけて、塩を加える。バターが溶け牛乳がふつふつとしているところに 2 のじゃがいもを少しずつ加えてポテッとする状態まで練り上げる。

肉を取り出し重さを計り、重さの0.8%の塩の３分の２を肉の表面にふる。

フライパンを強火で熱し、サラダ油（分量外）を少量ひく。うっすら煙が出てきたら肉の盛りつけ面が上になるほうから40秒〜１分ほど焼く。裏返して反対側にも軽く焼き色をつける。

★ 焼き色をつけたいので、フライパンの油を熱し、強火にするのが重要！

肉をバットに取り出しコショウをして、アルミホイルをかぶせて保温しておく。

【 マスタードソースを作る 】

ペーパーでフライパンの汚れを拭き取り、ポートワインを加えてアルコールを飛ばして４分の１まで煮詰める。そこに練りマスタード、粒マスタード、生クリーム、ハチミツ、塩、休ませた肉からの肉汁をすべて加えてよく混ぜて軽く煮る。

【 アスパラのソテーを作る 】

鍋にアスパラが浸る程度の水と、0.8% の塩（分量外）を入れて沸騰させ２分茹でる。水であら熱を取り、ペーパーで水気を切り、重さの0.7%の塩をする。盛りつける直前にフライパンにアスパラとバターを入れ、弱い中火で２分ほどソテーする。

皿にじゃがいものピューレとアスパラを盛り、手前にソースをひく。切り分けた肉を盛りつけて残りの塩をして完成。

低温保湿のローストチキン

クリスマスやパーティーにぴったりのローストチキン。焼き方のポイントさえ理解できれば、手軽で最高のごちそうになります。オーブンの中は熱風、ジューシーにするため油の保湿マスクで胸肉の乾燥を防ぎます。皮パリは強火のフライパンで一気に。これが一番失敗しないおいしい焼き方です。

オーブン内は熱風の嵐！
保湿マスクをしてあげて

● 材料

若鶏	丸1羽(800〜1200g)
サラダ油	15g
タイム	5枝
ニンニク	3かけ
塩	オーブンから出した重さの0.8%目安で用意
トマト	4個
ブドウ	各200g
塩	トマトの重さの0.8%
砂糖	トマトの重さの0.8%
クレソン	4株分

【 鶏肉を紐で縛る 】

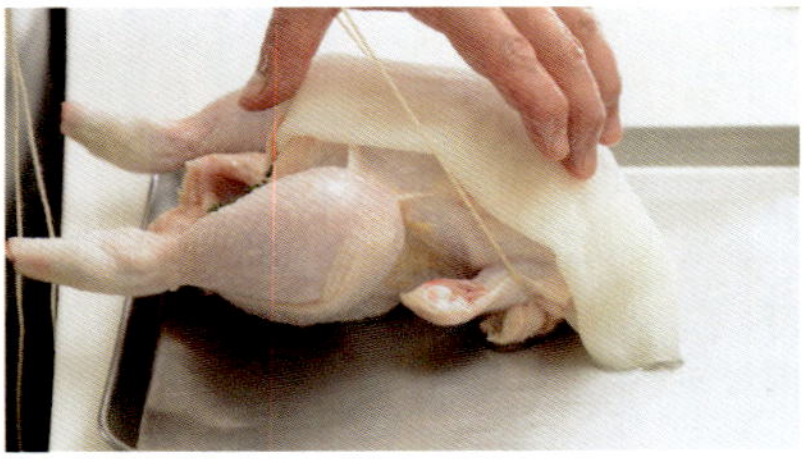

1. 頭側から紐をくぐらせ腕の横を押さえるように紐をかける。

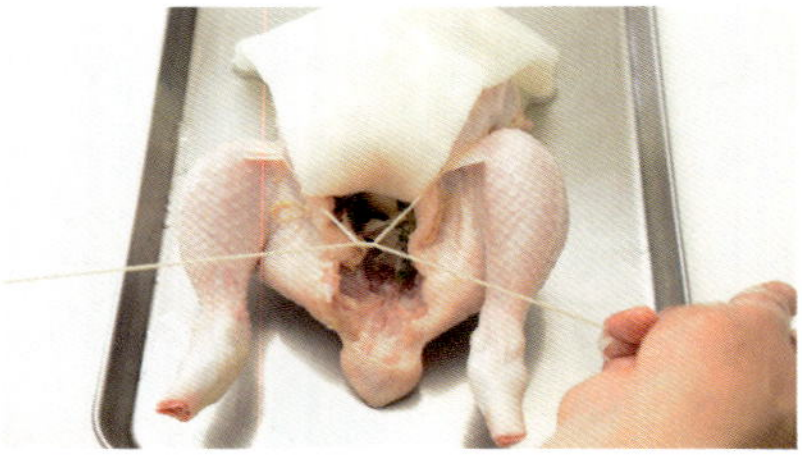

2. そのまま紐を引き、ももの脚の付け根に紐をかけて、胸の中心ラインの延長で1回ギューッと縛る。

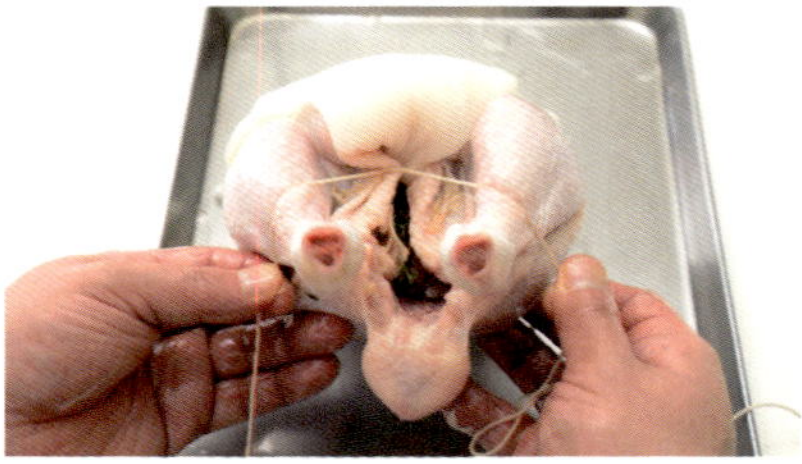

3. 親指と人差し指で紐を持ち、残りの指でももを持ち上げ、紐をすねの部分にかけ、そのまま鶏を前転させ紐を背中にまわす。

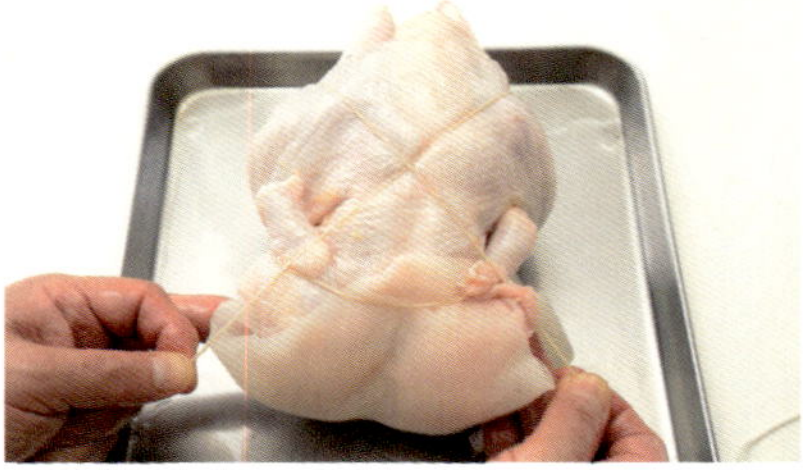

4. 背中の真ん中で紐を交差させバッテンにする。

【 鶏肉の下準備をする 】

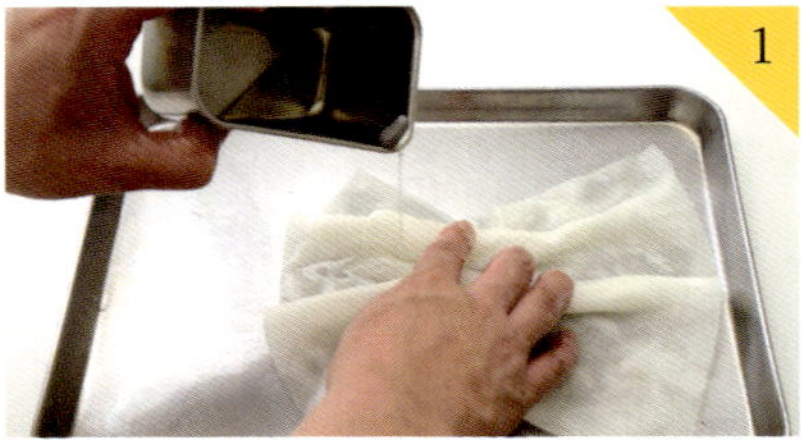

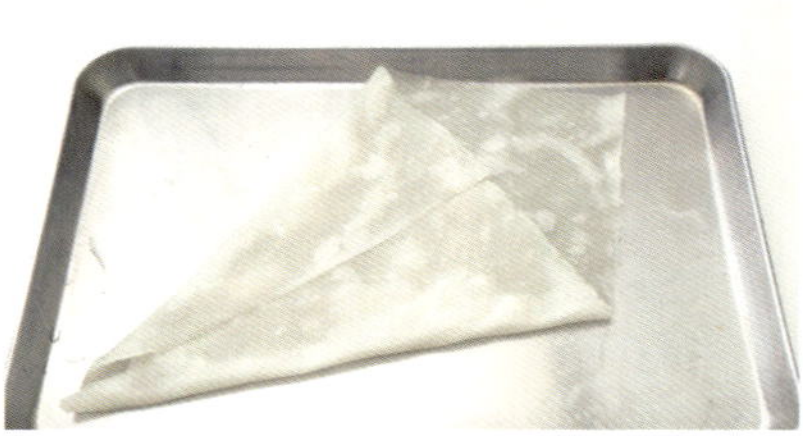

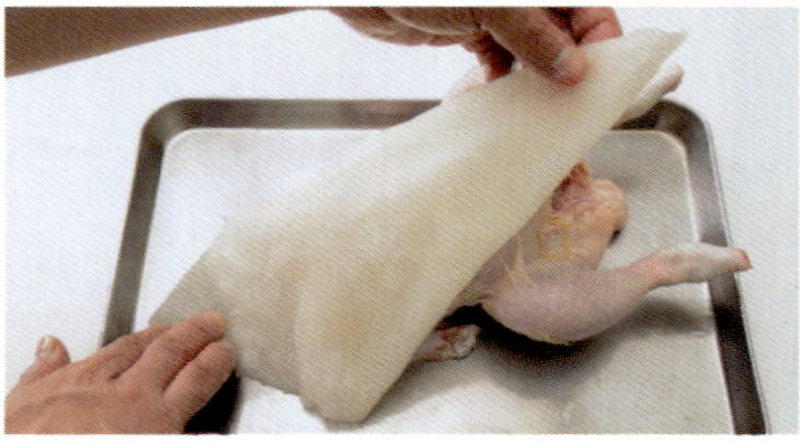

鶏が入る大きさのバットを用意する。キッチンペーパー（30cm × 30cm ぐらい）を3枚重ねてサラダ油を充分に含ませる。油を含ませたペーパーを胸肉の形に折り（写真参照）しっかりと胸肉を覆う。

★ 油ペーパーは、火の当たりが強い胸肉の部分を油で遮断し、パサパサになるのを防ぐ役割があります。

ペーパーの油の浸しが足りないと肉にくっついてしまうので、充分に含ませましょう！

肉の中にタイムと、皮つきのまま横半分に切ったニンニクを入れる。

30分たったら反対側に返してさらに30分加熱する。油ペーパーをかぶせた胸肉は内側のまま、奥と手前の位置を反対にする。トマトとブドウは30～40分目安で取り出す。

1時間を目安に取り出し、油ペーパーを取り、重さを計る。焼く前の92～93%に達していたらそのまま取り出す。達していない場合は胸肉を上にしてオーブンに入れ、5分単位で取り出して重さを計る。重さの0.8%の塩を用意して、その半分を肉の全体にふる。焼き足りずに追加で焼く場合、油ペーパーはしなくてもよい。

フライパンにサラダ油をひいて、野菜片等を入れて焼き色がついてきたら、鶏肉を横側面側から寝かして強火で焼き色をつける。40秒～1分を目安に、横側面→反対の横側面→胸の片側上面→反対の胸の片側上面→胸の前部分、と分けて焼き色をつけていく。盛りつけのときには紐を外す。頭を下にした皿に盛り、ブドウ、トマト、クレソンを添えて完成。切り分けた後、残りの塩をそれぞれの切り口にふる。

★ 写真のように鶏肉に何本かまとめた菜箸を刺して持ちながら焼くと焼きやすいです。

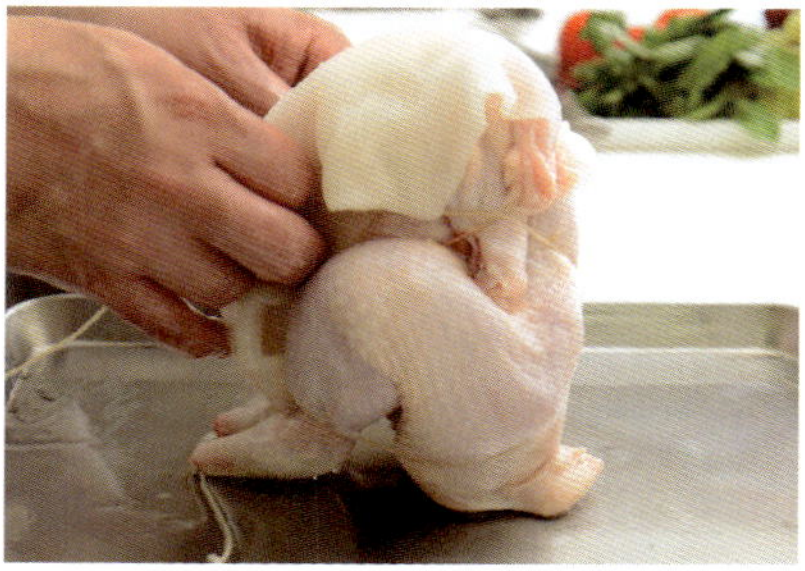

5. そのまま最初に紐をかけた腕の部分に紐をもってきて、鶏を返し胸側にする。

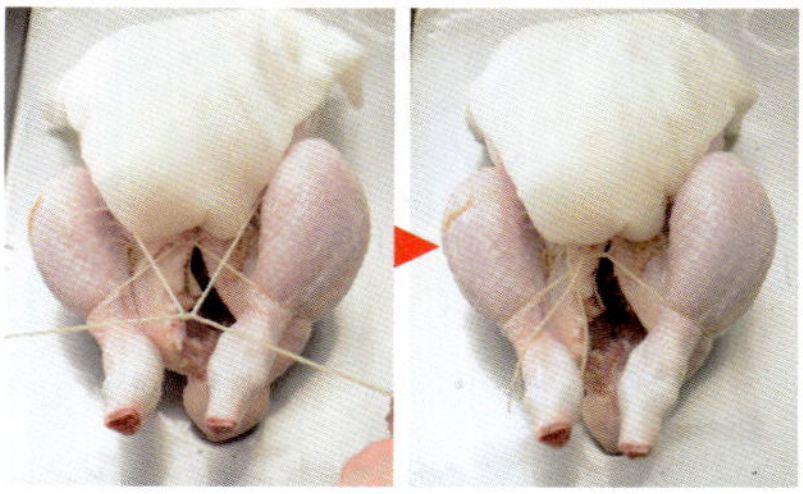

6. ももと胸の間の部分に紐を通し、そのまま紐を後ろ側にギュッと引きながらもう一度しっかり縛る。

【オーブンで焼く】

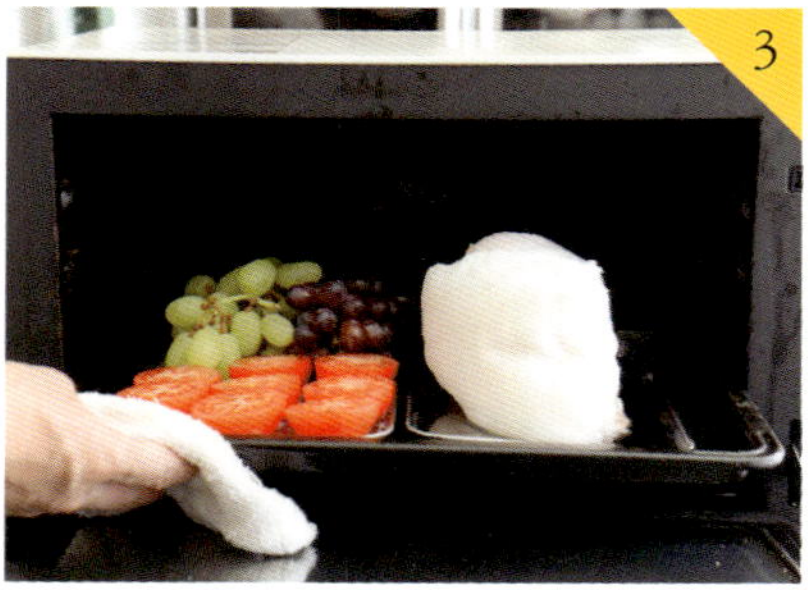

縛った鶏の重さを計っておく。オーブンを130℃で予熱をする。天板に鶏肉の油ペーパーをかぶせた胸部分が内側に向くよう横に寝かせて置く。横半分に切って重さの0.8%の塩と砂糖をふったトマト、枝つきのままのブドウも天板に入れてオーブンに入れる。タイマーを30分にセットする。

★ 庫内は140℃を絶対超えないようにしましょう。

丁寧に味を染み込ませる
蒸し寿司

蒸し寿司は、温ずし（ぬくずし）とも呼ばれる関西より西に伝わる温かいちらし寿司のこと。せいろで蒸して温かいまま食べるので、ちらし寿司より味がまろやかになり、酢飯が苦手、という人にもおすすめです。華やかで丁寧なこんな料理は、喜ばれるのではないでしょうか。

**素材ごとに
丁寧に味をつける。
それが和食の魅力**

【 ダシを取る 】

1

水に昆布を入れ 10 分ほどつけてから鰹節を入れて弱火にかける。80℃まで上がったらペーパーで漉す。

【 寿司飯を作る 】

2

米を洗い、土鍋や炊飯器に米と水と酒と昆布を入れて炊く。ボウルに酢と塩を合わせてよく混ぜておく。好みで砂糖を加えてもよい。

● **材料** 3〜4人分

[寿司飯]

米 …… 2合（300g）
水 …… 340g
日本酒 …… 20g
昆布 …… 5g
米酢 …… 40g
塩 …… 6g（仕上がりの1%）
砂糖 …… 6g（お好みで）

[椎茸煮]

干し椎茸 …… 小4〜5枚
（充分に浸るくらいの水に入れ冷蔵庫で24時間おく）
戻し椎茸 …… 80g
戻し汁 …… 30g
醤油 …… 小さじ1
砂糖 …… 10g

[竹の子煮]

竹の子の皮をむいた状態 …… 100g
茹で湯 …… 500g
（1.2%の塩を入れる）
醤油 …… 1g
砂糖 …… 8g
ダシ汁 …… 50g
　水 …… 1ℓ
　昆布 …… 10g
　（10分水につけておく）
　鰹節 …… 20g

[金目鯛煮]

金目鯛切り身 …… 140g〜150g
日本酒 …… 100g
砂糖 …… 8g（重さの4〜5%）
醤油 …… 小さじ1
塩 …… 0.8g

[錦糸卵]

卵 …… 2個
塩 …… 重さの0.7%

[生姜の甘酢煮]

生姜（新生姜） …… 40g
茹で湯 …… 200g
（0.8%の塩を入れる）
米酢 …… 10g
砂糖 …… 8g
塩 …… 0.8g

いりごま …… 10g
木の芽 …… 適量
カニの塩茹で …… 40g
絹さやの塩茹で …… 6枚

【 椎茸煮を作る 】

干し椎茸は冷水に一晩つけて戻す。3分の2は3mmの厚さのスライスにし、残りは飾り用に大きめに切る。

椎茸の戻し汁、醤油、砂糖を鍋に入れ混ぜ、落としブタをして弱い中火で煮汁がなくなるまで煮る。

【 金目鯛煮を作る 】

フライパンに酒を入れ、軽くアルコール分を飛ばし、砂糖、醤油、塩を入れて煮汁を作り、いったん冷やす。

炊き上がったご飯はバット（飯台）に広げる。合わせ酢をご飯にまわしかける。10秒ほどしてからしゃもじでご飯を切り混ぜる。全体に酢がまわり冷めてきたらぬれ布巾をかけておく。

★ **酢をかける位置が集中してしまわないよう、しゃもじなどに当てながらかけるといいでしょう。**

【 生姜の甘酢煮を作る 】

生姜を細切りにして0.8％の塩水に30分さらす。浸かる程度の湯を沸騰させ、生姜を入れて1分（新生姜のときは30秒）茹で、ザルで水をきりさっと流水にくぐらせる。

★ **新生姜の場合は辛味が少ないので塩水にさらさなくてもよいでしょう。**

鍋に酢、砂糖、塩を入れてひと煮立ちさせる。4を加えて弱い中火で1分加熱し、そのまま冷ます。

【 竹の子煮を作る 】

竹の子の皮をむき、1cmの角切りにする。1.2%の塩分の茹で湯をたっぷりと沸かし、竹の子を入れ10～15分ほど茹でる。別鍋に茹で上がった竹の子と1のダシ汁、醤油、砂糖を入れ落としブタをして煮汁がなくなるまで煮る。

【 絹さやの塩茹でを作る 】

絹さやは筋とヘタを取る。1.5%の塩水（分量外）を沸騰させ、30秒茹でて、水をくぐらせ粗熱が取れたらペーパーで水分を取る。

★ ヘタの部分に包丁を入れスーッと筋をひくとうまく取れます！

フライパンに皮を下にして魚と冷ました煮汁を入れ弱火にかける。40℃になったらいったん火を止めて裏返し、フタをして5分おく。再び皮を下にして弱火にかける。70℃になったら火を止めて裏返してフタをして3分おき、魚を取り出す。

煮汁を85℃まで上げて、ペーパーで漉す。フライパンで再び煮詰め、煮詰まってきたところに魚を戻して絡め、冷ましておく。飾りつけ用に大きめのものを3～4切れ選び、ご飯の中に混ぜるものは大きめのほぐし身にしておく。

★ 85℃まで上げるのは、よりアクを取るためです。

【仕上げをする】

せいろをぬらして、3 の寿司飯を入れる。寿司飯に金目鯛のほぐし身、椎茸の 3 分の 2、竹の子、ごまを入れて混ぜ合わせる。

錦糸卵をのせて、強火の蒸気で 10 分蒸す。

フタを取り、温まっていることを確認したら、上に金目鯛、椎茸の残り、カニの身をのせて、フタをして 3 分蒸す。フタをとり、絹さや、木の芽、生姜の甘酢煮をのせて、フタをして完成。

【錦糸卵を作る】

フライパンにペーパーを使ってサラダ油（分量外）をのばす。

卵に塩を入れてよく混ぜてコシを切り、一度ザル漉ししておく。卵液が一面に広がるくらいの量を入れて、弱い中火にかける。フライパンをまわして卵液を全体に広げる。焼き固まったら裏返して 10 秒焼き、取り出す。残りの卵液も同様にして卵液がなくなるまで焼く。焼けた卵は 2 〜 3 mm 幅に細切りにしておく。

★ **裏返すときにあわてないよう、フライパンを火から外しましょう。**

ひと味違う お節の4種

私の料理教室では年末にお節を作るクラスがあります。生徒さん全員でせわしく動き回りながら、4時間くらいかけて17種類の料理を作ってお重に詰めて、一人一折りずつ持って帰ってもらいます。新常識のお節は食べ応え十分のひと味違ったレシピぞろいです。今回はお節の定番メニュー4種を紹介します。

発酵温度で豆を戻し短時間で作るシワなし黒豆

● **材料**

若黒豆	50g
醤油	2.5cc
塩	2g
砂糖	13g×2
重曹	0.5cc

ひと味違う お節の4種

シワなし黒豆

豆腐の伊達巻き

味が染み込むお煮染め

オレンジ風味の田作り

水洗いした黒豆を耐熱容器に入れて、豆の高さの 3 倍量で 40℃の塩湯（分量外）を入れる。塩分濃度は 0.8% で今回は湯が 300g、塩が 2.4g の塩湯。これを 40℃のオーブン（発酵機能があれば使う）に 3 時間入れる。

★ **豆がふっくらと戻り、やわらかくなって、発芽状態の手前になります。こうすると煮込み時間が短くすむうえに、豆にシワが寄りません。**

湯を切り、鍋に黒豆を入れ、350g になるまで 40℃前後の湯を加える。

醤油、塩、砂糖 13g、重曹を加えて強火にかけ、沸騰させる。アクを取りながら 3 分煮立たせる。白いフワフワとしたアクがたくさん出てくる。

★ **重曹はやわらかくする作用があります。**

弱火にして沸騰した湯を 2 の元の高さまで加え、落としブタをし、本ブタは少しずらして弱火で煮る。途中で 1cm ほど煮汁が減ったら湯を追加しながら 1 時間半加熱する。豆が煮汁から出ないように、ときどき様子を見て差し湯する。

残りの砂糖 13g を加えてさらに弱火で 30 分加熱。冷まして味をしみ込ませる。甘くするときは砂糖の量を 26g にする。

ふわふわ豆腐の伊達巻き

● **材料**

水切り豆腐	60g
卵	3個（170g〜180g）
塩	1g
砂糖	20g
醤油	5cc
くちなし	1/2個
水	20g

※水切り豆腐がないときは絹ごし豆腐をバットではさみ、軽く重しをして水気を切る。（1時間）

水気を切った豆腐をペーパーでさらに水気を切り、細かい目で裏ごしをする。真上からまっすぐに押す。

すり鉢に豆腐の裏ごしを入れて、ペースト状になるまでする。

充分にコシを切った卵を、ざるで漉しながら3〜4回に分けて入れる。加えるたびによくすり混ぜる。

塩、砂糖、醤油、くちなしを砕いて、水に浸けて色出しをしたくちなしの汁を加えてさらに1分ほどすり混ぜる。一度ザル漉しする。

フライパン（卵焼き器）にペーパーで薄くサラダ油（分量外）を塗る。卵液の半量より少なめに流し込み、弱火にかけ、フタをする。表面が固まってきたかどうか、焼き色がついているかどうか、ときどきフタをあけて見る（3分ぐらい）。フタがない場合は、バットの裏などで対応する。

適度に焼き色がつき、表面をさわっても卵が手についてこなくなったら、ダシ巻き卵のように巻いて一方の端に送る。残りの卵液を流し固めては巻く作業をする。

★ そんなにキレイに巻けなくても巻きすで巻くので気にしなくて大丈夫です。

プチプチと音がしてきたら焼き色がついているというサインです。

フライ返しを使うと巻きやすいです。

表面の焼きが薄いときは少し火を強めて焼き色をつけてもよいです。

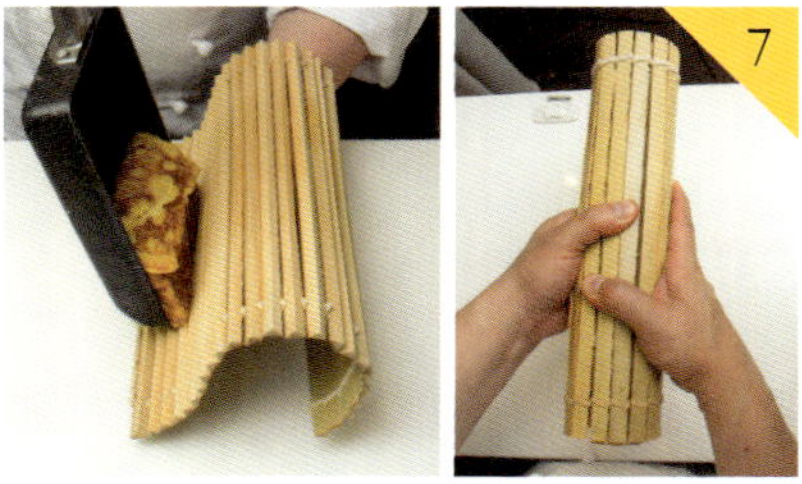

巻きすに取ってしっかり巻いて、輪ゴムで止めて冷まし、冷めたら切り分ける。

★ 「鬼す」という伊達巻き用の巻きすを使います。

手前に置いて、つぶれない程度にギュッと巻きます。

短時間で味が染み込む お煮染め

にんじんは梅の型に切り抜き、余裕があれば花びらを飾り切りする。花びらの中心まで5mm深さの切り込みを入れていき、花びらの真ん中から斜めに切り込みを入れる（写真参照）。

● **材料**

金時にんじん
…………1cm厚さを6枚（40〜50g）
椎茸…………小4枚（40〜50g）
ごぼう…………40〜50g
レンコン
…………小輪切り4枚（30〜40g）
日本酒…………50g
水…………50g
塩…………0.6g
砂糖…………15g
醤油…………10cc
絹さや…………4枚

椎茸は軸を取り、余裕があれば飾り切りにする。

ごぼうは１cmくらいの厚さの斜め切り、レンコンは皮をむいて輪切りにする。野菜が浸かる程度の湯を鍋、またはフライパンに入れ、沸騰した中にごぼうとレンコンを入れる。

２分したらにんじんと椎茸を入れ、３分たったらザルにあげ湯をきる。煮汁（茹で汁）は切っておく。固い野菜にやわらかく味を染み込ませたいときは、強い火の中でわっと火を通すと素材に味が染みやすくなり、調味料の量も抑えられる。

再度フライパンに野菜を入れてサラダ油（分量外）を少量絡めて弱火にかけ、５～７分炒める。日本酒を加えてアルコール分を飛ばして煮詰める。

水、塩、砂糖、醤油を加えて煮絡め、落としブタをして煮汁がほとんどなくなるくらいに煮詰め、冷ます。

絹さやは筋を取る。絹さやが浸る程度の湯（1.5％の塩分濃度）を沸かし沸騰したら１分～１分半茹でて冷水に取り、ペーパーで水気をきる。

やみつきになる オレンジ風味の 田作り

● **材料**

ごまめ（かたくちいわしの煮干し） …… 20g
クルミ …… 15g
松の実 …… 10g
オレンジの絞り汁 …… 40g
（オレンジジュースでもよい。
その場合は砂糖の量を5gにする）
砂糖 …… 16g
醤油 …… 7cc
コワントロー …… 3g
レーズン …… 10g
オレンジの皮のすりおろし …… 適量

バットにオーブンシートを敷き、ごまめ、4つ割りにしたクルミ、松の実をのせて150℃のオーブンで8～10分乾煎りする。

フライパンにオレンジの絞り汁、砂糖、醤油、コワントローを加えて中火にかける。沸かしながら煮詰める。

煮詰まって少しとろみがついたところに、ごまめ、クルミ、松の実、レーズンを加えて絡める。煮汁が煮詰まったら火を止めて、オレンジの皮のすりおろしをふりかけて冷ます。

つい弱火にしたくなる。それは新常識が身についた証拠です

ここまで新常識のレシピを紹介してきましたがどうでしょうか？　タルト生地やパスタ生地など、少し難しいものもありましたね。何品か試してみて、料理の新常識というものがどういうものか、何となくでも分かってもらえるとうれしいです。レッスン2で紹介した、ハンバーグ、コーンポタージュ、カルパッチョの3品だけでも完璧に作れるようになれば充分に料理の腕は上がっていると思います。くり返し言っている「火加減」「塩加減」「切り方」……、だいぶ身についてきたのではないでしょうか？

今はたくさんの料理本が発売されています。100品以上もレシピが載っている本もあるとか……、ビックリです！　100品も作っていられるのでしょうか（笑）。100品の簡単なレシピを作れるよりも、10品の料理を完璧に作れる人のほうが料理の腕は確実に上だと思います。ご紹介したルールはどんな料理にもあてはまります。例えば、ご近所からさやエンドウをもらってさっそく茹でてみよう、と思ったときに、茹で湯の0.8％の塩のことが、きっと頭をよぎるでしょう。料理の腕が上がった証拠です。いつもの家庭料理が、少しでもおいしくなりますように、「料理の新常識」はどんなシチュエーションでも力になる料理法なのです。

100品のレシピを知っているより、10品の料理を完璧に作れるほうが料理の腕は確実に上がる！

column 1

料理の新常識 Q&A

疑問になっているところはありませんか?
皆さんによく質問される項目にお答えします。
難しく考えないで、楽しく料理を作りましょう!

Q 焼いている肉の「食べごろ」の見極めは？

A.最初の重さから80～85%！

肉の重量が最初の重さの80～85%になったら、ちょうどいい焼き上がりのタイミングです。これはアク、不要な水分が抜け出て、うま味だけが残ったときの重さ。「食べごろ」は焼き時間や見た目よりも「重さ」が重要なのです。慣れてくると、見た目で重さの変化が分かるようになってきますが、慣れるまでは、焼きながら重さを計るようにしましょう。

Q 焼くときに、フタはしなくてもいいの？

A.水分が出て肉が固くなります！

フタをすると火の通りは早くなりますが、蒸し焼き状態なので内部が急激に高温になります。焼いている食材から水分が出すぎてしまい、すっかり固くなってしまうでしょう。見た目はジューシーになるかもしれませんが、表面に水分やうま味が出きってしまった状態。食べても固くてパサパサしていると感じるでしょう。新常識のレシピの中でフタをしているのは煮ものぐらいです。

Q 塩分の計算式、80%×0.8%とは？

A.減る水分量を予測しています

食べごろの目安で答えたように、最初の重さからアクや水分が抜けて、80～85%の重さになったときがベストといわれています。野菜など水分が多く抜ける食材の場合も、先に水分が20%抜けた、80%程度の重さになったタイミングがベストな食べごろと予測。水分が抜けた80%の重さ（×0.8）に塩加減（×0.8%）を計算しています。

Q コショウは重要ではないのですか？

A.コショウは焦げると辛みが強くなり苦みにもなる！

よく「塩・コショウ」と同じ仲間のように扱われますが、コショウをしてから火を通しすぎてしまうと、コショウの風味はあっという間に飛んでしまい、辛みが強く出てしまいます。コショウは香りと清涼感のある辛みが重要。なるべく最後にふるようにしてください。

Q 地獄の釜で茹でるワケは？

A.やわらかくなるよりも、速く火を通すため！

付け合わせの野菜などを茹でるときに、最初から地獄の釜のようにボコボコと沸騰したお湯に入れます。これは野菜がやわらかくなるスピードよりも速く、中まで火を通すためです。そうすることである程度歯応えが残り、中まで火が通った状態にすることができます。弱火で茹でたら野菜は硬くなります！

PART 5

料理の新常識 デザート編

こちらで紹介しているのは
フレンチのコース料理の最後に
出てくる、どれも本格的なデザート。
ただし、基本は混ぜ合わせて
焼くか蒸すかだけの工程です。
ぜひ試してみてください。

さわやかキャラメルの紅茶プリン

手作りプリンは難しいという声をよく聞きます。カラメルは弱火でじっくりと、卵はよくコシを切る、あといくつかのポイントで上手に解決できます。今回はオーブンを使ったプロの作り方を紹介しています。蒸し器や金属の容器は温度管理が難しいので、陶器製のココットを使うのがいいでしょう。新常識の通り、急激な温度上昇が起きないようにすることが大切です。

【 キャラメルを作る 】

小鍋にグラニュー糖と水を入れて強火にかける。沸騰して泡が出ている状態になり、どこか一部色が変わり始めたら火から外して、鍋を全体にまわして余熱でキャラメル化を進める。

★ 少し色がつき始めたらすぐに弱火に落として、ゆっくりと色づけします。

フツフツ沸いている状態のときは、鍋をまわして泡が出るスピードがゆっくりにおさまるまで待つ。泡がゆっくりになったら、再度弱火にかける。

★ 小鍋を火を端のほうに置き、どこか1カ所だけ火に当たるようにします。

1カ所で色づけをして、ときどき鍋をまわして均一にします。

● 材料 10cmココット2個分

[プリン液]

牛乳	200g
生クリーム	20g
グラニュー糖	60g
紅茶葉(アールグレイ)	4g
卵	M2個（1個55～60g）

[キャラメル]

グラニュー糖	40g
水	20g

【 紅茶を煮出す 】

鍋に牛乳と生クリーム、半量のグラニュー糖を入れて弱火にかける。温度を80℃まで上げて、グラニュー糖をしっかりと溶かしておく。半量はだいたいでよい。

紅茶葉を入れて軽く混ぜてからフタをして20分おく。あまり混ぜないようにする。

5

さらにどこか一部でも濃く色が変わったら、火から外して鍋をまわしながら余熱でキャラメル化を進める。これをくり返して段階的に色を濃くして、充分なキャラメル色になったら、ココットの底に流し入れる。

★ **充分なキャラメル色とは醤油の色くらいの濃い色のことです。（写真参照）**

すぐに固まるので、ココットをまわして手早くキャラメルを広げましょう！

キャラメルは完全にキレイに入らなくても、プリン液が入ると広がっていくので大丈夫です。

【 プリン液を作る 】

6

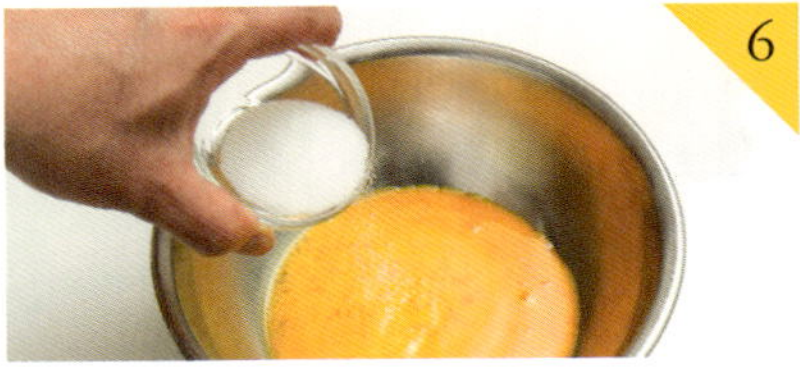

ボウルに卵を割り入れてしっかりコシを切りながらよく混ぜる。1 の残りの半量のグラニュー糖を加えて混ぜる。できるだけ泡立たないようにグルグル混ぜる。

7

卵をザル漉ししながら 2 の牛乳を加え、よく混ぜる。できれば 20 ～ 30 分おく。

★ **なめらかなプリンを作るためには、泡立てず、気泡をあまり作らないようにします。**

【 プリンを焼く 】

8

オーブンの予熱を 150℃にしておく。キャラメルをひいたココットにプリン液を 2 度ザル漉しして、静かにそそぐ。ココットの 8 割の高さまで入れる。泡が立ったら、楊枝を使って泡消しをする。

9

70 ～ 75℃の湯煎の湯を用意する。下からの金属熱を遮断するため深いバットに 2 重にしたキッチンペーパーを敷き、ココットの液面と同じ高さくらいまでの湯を注ぐ。熱いお湯だと、プリンの表面にブツブツができてしまうのでさける。

10

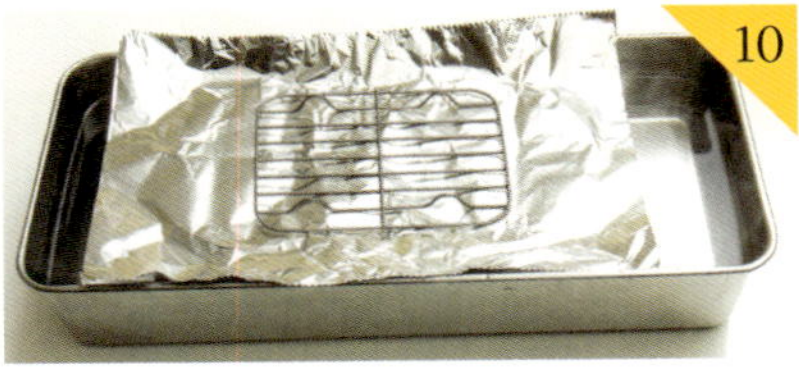

上にアルミホイルで覆いをして、予熱した 150℃のオーブンに入れる。オーブンの熱風がある場合は、アルミホイルの上に小さな網などを置いて重しをする。40 ～ 50分で型をゆらして液面に波紋ができなければ完成。取り出したら湯煎のまま冷まし、さらに湯煎から取り出して冷蔵庫で充分に冷ます。型から取り出して、皿にのせて完成。お好みでキャラメルをたす。

ナッツとドライフルーツの ヌガーグラッセ

ヌガーグラッセは見た目も豪華なフランスの冷たいナッツ菓子です。アイスとは違い、卵黄は入れずに卵白と生クリームを泡立てて作ります。泡立て、混ぜ合わせるタイミングなどに気を配ればあとは混ぜて合わせて冷やすだけなので、見た目のわりに簡単です。一目見ただけで「わぁ！」っと歓声があがる華やかさ、人が集まるときに作っておくと喜ばれます。

冷却しながら強度を出す！
卵白のゆっくり混ぜが
ポイント

● **材料** 18cmの金属型2個分

[ヌガーグラッセ]

卵白	M2個（70g）
牛乳	10g
グラニュー糖	10g
バニラビーンズ	4cm
板ゼラチン	3g（粉でもOK）
生クリーム	120g
グラニュー糖	30g
ハチミツ	10g
ナッツ	130g （一部トッピング用に分けておく） （食塩不使用の好みのもの）
ドライフルーツ	23g（好みのものを色々）

[ソース]

ラズベリー	40g
グラニュー糖	40g
水	20g
コワントロー	5g
ミントの葉	4枚

冷水（分量外）に板ゼラチンを入れ戻しておく。フニャフニャの状態になったら取り出して、ペーパーで水気を切っておく。4 を弱火にかけてきちんとグラニュー糖を溶かし、火を止める。温かいうちにゼラチンを入れて溶かし込み､液が固まらない程度に冷ましておく。(20℃くらい）固まってきたら、再度弱火にかけて溶かす。

ボウルに生クリームとグラニュー糖 30g を入れ、氷水に当てながらハンドミキサーの高速で泡立てる。八分立てにしておいて冷蔵庫に入れる。

★ **クリームを上から落として形が完全に残らず沈んでいく状態でいったん止めておきます。完全に立ててしまわないようにします。**

【ヌガーグラッセを作る】

型の形にアルミホイルを折り、中に敷き込んでおく。両端を長めにして外に出しておく。型から取り出すときに、ホイルの両端を持って抜くのに便利。

140 ～ 150℃のオーブンでナッツを 10 分ほど軽くローストする。ローストしたナッツは冷めてから粗刻みにしておく。

ドライフルーツは 5 mm 角くらいの大きさに切っておく。最後の仕上げ用に、2 と 3 は少量を刻まないで残しておく。

牛乳にグラニュー糖 10g とバニラビーンズの種を取り出して除いたものを入れる。種の取り出し方は、バニラビーンズに切り込みを入れて半分に開き､包丁の背でしごくとよい。

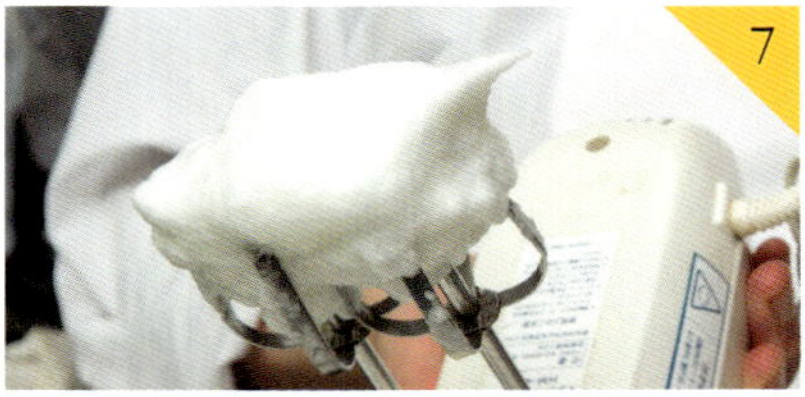

卵白をハンドミキサーの高速で泡立てる。卵白が完全に立ったところで5の中身をまわし入れて、すぐにハンドミキサーで5秒混ぜる。

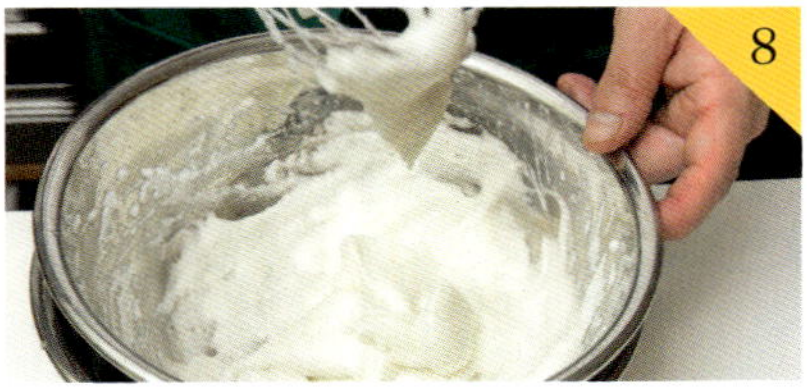

泡立器に持ち替えて、7のボウルを氷水に当ててゆっくりと冷却しながら混ぜ、メレンゲのツヤを出し、しっかりとした形状を保つくらいの固さにする。

★ **急いで混ぜると泡の目がつまってしまうので注意しましょう！**

冷蔵庫から、6のボウルを出し、再度泡立て器で混ぜて九分立て状態にする。泡立て器でひとすくい分の8とハチミツを加えてよく混ぜる。ゴムベラに持ち替えて、残りの8を加えてゴムベラを立てるようにさっくり混ぜ込む。ボウルを氷水に当てながら再度ゆっくりと混ぜ、生地をしっかりとさせる。

最後にドライフルーツとナッツを加えて混ぜ込む。

型に流し込み、冷凍庫で6時間以上冷やし固める。

【 ソースを作る 】

ソースの材料をすべてミキサーに入れてまわしてから、ザル漉しして、冷たく冷やす。ヌガーグラッセを型から抜いて皿にのせ、刻んでいないナッツとドライフルーツ、ミントの葉を飾る。ソースを別の器に入れて完成。

混ぜるだけの ガトーショコラ フランボワーズ

ガトーショコラとはチョコレートケーキのことで、固く焼いているイメージがあると思いますが、こちらは口溶けがトロッとしている半生タイプです。ガトーショコラと聞くと難しそうに思えますが、前ページのヌガーグラッセよりも簡単で、ただ混ぜて焼くだけなのです。時間もそんなにかからないので、プレゼントに作って持っていくと喜ばれる一品でしょう。

● **材料**　18cmのパウンドケーキ1個分

チョコレート	170g
（カカオ60％以上のもの）	
無塩バター	80g
卵黄	4個（80g）
薄力粉	20g
粉糖	100g
卵白	4個（160g）
フランボワーズ	120g
（冷凍でもよい）	
生クリーム	適量
フランボワーズ	適量
ミントの葉	適量

粉糖と薄力粉をそれぞれふるいながら、加えて混ぜる。固まった薄力粉は小さい泡立て器などで砕くようにして、しっかりふるい入れる。粉糖を使うとしっとりと仕上がる。

卵白を九分立てにする。3のチョコレート生地に卵白の3分の1を加えて、泡立器で卵白が見えなくなるまでしっかり混ぜる。

★ **卵白はハンドミキサーの高速で、角が立たない程度まで泡立てます。**

【 生地を混ぜ合わせる 】

ボウルにチョコレートを刻んだものと無塩バターを入れ70℃くらいの湯煎にかけて溶かす。ゴムベラでゆっくり混ぜながらツヤのあるチョコレート液にする。カカオ豆の含有量が55～70％のチョコレートを使う。最初は少し溶けるのを待ち、溶けてきたら光沢があり、なめらかな状態になるまで混ぜる。

湯煎からボウルを外し、卵黄を加えてゴムベラか泡立器でよく混ぜる。

残りの卵白を２回に分けて加え、ゴムベラで混ぜます。

★ **きちんと底から卵白がしっかりなじむまで混ぜる。**

新体操のリボンをクルクルとまわすような感じで混ぜます。

フランボワーズを入れる。冷凍を使用する場合も、とくに解凍せずにそのまま入れる。

クッキングシートを型のサイズに合わせて切り、写真のように前後を長く垂らして型に敷き込む。両脇は包丁を入れればよいので、とくに必要ない。

生地を流し入れて、190℃に予熱をしておいたオーブンで 18 分焼く。

オーブンから取り出したら型からすぐに抜かないでそのまま冷ます。冷めるにしたがい、ふくらんだ部分が自然とまっすぐにしぼんでくる。冷めたら上から重しをかけて平らにならします。型から外し、生クリーム、フランボワーズ、ミントの葉を添えて完成。

column 2

料理の新常識 Q&A

疑問になっているところはありませんか?
皆さんによく質問される項目にお答えします。
難しく考えないで、楽しく料理を作りましょう!

Q 卵のコシを切るとは?

A. ドロッと流れない液体にすること

卵を溶いたあとでも、白身や黄身の固まりがドロッと落ちてしまうことはありませんか? 溶いたつもりでも焼いてみると白い部分、黄色い部分と分かれていることもあります。卵のコシを切るとはこのドロッとした固まりのコシを切って、なめらかな液状にすることです。

Q 肉汁でソースを作りたいときは?

A. 焼き色がついてからの煮汁を!

肉を焼いたときに最初に出てくる汁はアクです。これを拭き取らずにそのままソースを作ってしまうと、臭みのあるソースになってしまいます。弱火でじっくり、うま味と水分を閉じ込めながら焼き進め、焼き色がついてから出てくる肉汁には、あふれて出てきたうま味が入っています。これで肉汁を作ると風味豊かなソースになります。

Q 煮込み時間が短いのが気になります

A. 煮込む前に加熱しているので大丈夫です!

煮込みの定義は、水分に浸って加熱されていれば、それがたった5分でも煮込み料理です。本書ではどの素材も煮込む前に中まで火を通しているので、後は素材がやわらかくなればできあがりです。

Q マヨネーズの乳化とはなんですか?

A. 水と油がしっかり混ざること

マヨネーズ(P.67)の卵黄とサラダ油がきちんと混ざることを乳化と言います。本来水と油は混ざり合わない関係にありますが、卵黄に含まれるレシチンという成分が油と卵黄の手をつなぐ仲介役をしてくれます。乳化するときに、泡立て器で一定の方向・速さで混ぜる理由は、卵黄と油を一列に手をつながせたいからです。

Q ホワイトソースはオーブンに入れないとダメ?

A. じっくり炒めて初めて味が出てきます

シチュー(P.82)もコロッケ(P.88)もオーブンで15～20分ほどしっかり焼き上げます。粉の甘みとうま味がこれでぐんと出てきます。ホワイトソースさえおいしければ、料理は必ず成功します。たくさん作って冷凍しておくのもいいでしょう。

痩せるのは、どっち？

満尾クリニック院長
医学博士

満尾《みつお》 正《ただし》

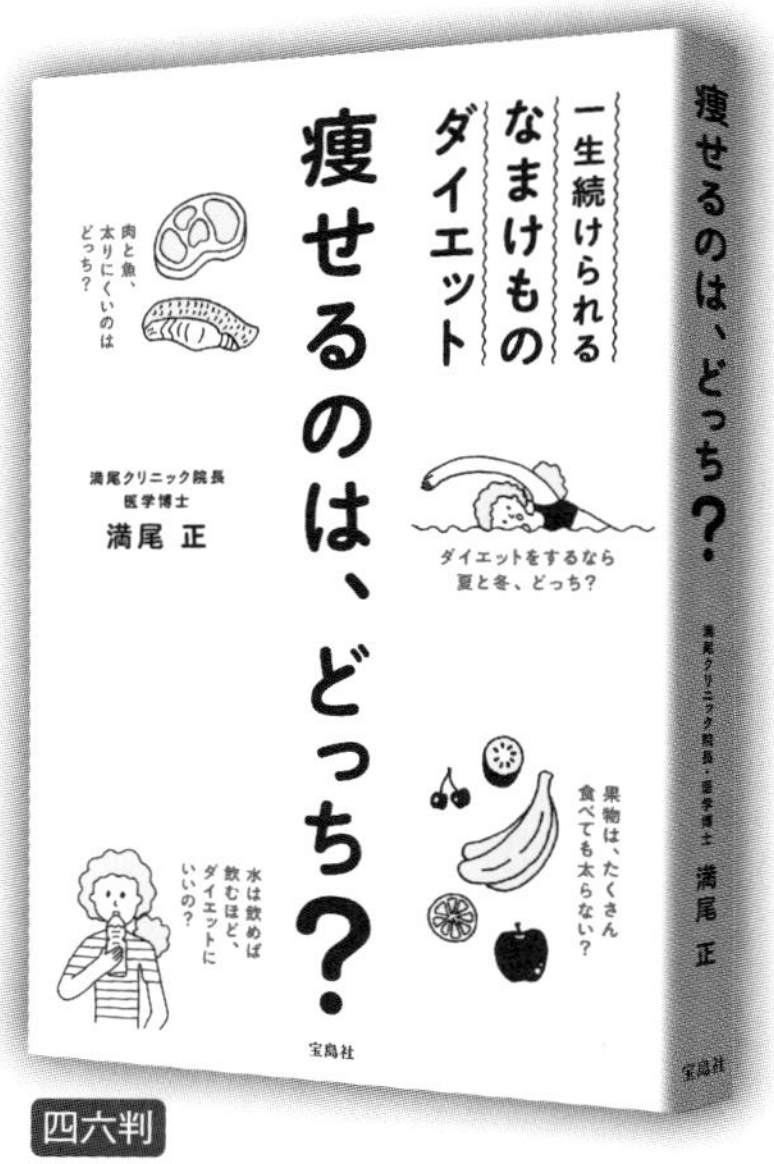

四六判

定価：本体1000円＋税

頑張らなくても痩せられる！

太らない法則30

もうダイエットでリバウンドしない！ 健康的に痩せるための正しい選択をQ&A方式で解説します。楽しみながら健康に。太らない体になる正しい答えは、この本にあります。

好評発売中！

宝島社　お求めは書店、インターネットで。

水島弘史（みずしま ひろし）

シェフ・料理科学研究家。1967年、福岡県生まれ。

大阪あべの辻調理師専門学校および同校フランス校卒業後、フランスの三ツ星レストラン「ジョルジュ ブラン」を経て、東京・恵比寿のフレンチレストラン「ラブレー」に勤務、1994年より3年間シェフを務める。その他、視野を広げるべくさまざまな食産業の分野で働き、2000年7月、恵比寿にフレンチレストラン「サントゥール」を開店。後に「エムズキッチン サントゥール」と改め、2009年4月まで営業。また、1994年から料理教室の講師も務め、自店開店以降はレストランと同時に料理教室も開催する。2004年から科学的調理理論を取り入れた独自の調理指導を始め、2010年に麻布十番に場所を移し「水島弘史の調理・料理研究所」を開く。大学、企業の研究所にもデータを提供、新メニューの開発や調理システムに関するアドバイスも行う。

だまされたと思って試してほしい 料理の新常識

2015年　5月28日　第1刷発行
2016年　8月20日　第9刷発行

著者　水島弘史
発行人　蓮見清一
発行所　株式会社宝島社
〒102-8388
東京都千代田区一番町25番地
電話：営業　03(3234)4621
　　　編集　03(3234)3691
http://tkj.jp
振替：00170-1-170829（株）宝島社
印刷・製本　サンケイ総合印刷株式会社

写真　奥村暢欣（スタジオダンク）
　　　原田真理
デザイン　吉田香織（スタジオダンク）
編集協力　引田光江／青木奈保子（スタジオダンク）
ライター　大坪美恵子
料理制作アシスタント
　　　森千洋／宮崎恵美子

First published 2014 by Takarajimasha,Inc.
ISBN 978-4-8002-4070-5

※本書は、2014年8月刊行のTJ MOOK『だまされたと思って試してほしい 料理の新常識』を改訂・再編集したものです。